W0189076

Engelhorn **Bücherei**

Kleine Geschichten aus Pommern

Mit einer Einführung von
Christian Graf von Krockow

Engelhorn  Verlag
Stuttgart

OST-SEE

MECKLENBURG

Hiddensee
Darß
Zingst
Barth
Stralsund
RÜGEN
Bergen
Mönchgut
Grimmen
Greifswald
Usedom
Wollin
gane
Dammin
Anklam
Swinemünde
Wolgast Gr.
Kolberg
Deep
Treptow
Cammin
Greifenberg
Kösslin
Belgard
Persante
Rügenwalde
Jamund
Bütow
Rummelsburg
POMMERSCHER LANDRÜCKEN
Neustettin
Tempelburg
Lauenburg
Leba-See
Leba
Stolp

POLEN

Pasewalk
Stettin
Oder
Storgard
Massower Gebiet
Pyritz
Briezig

© 1991 Engelhorn Verlag, Stuttgart

Inhalt

5

Christian Graf von Krockow

Einführung

Das literarische Deutschland ist ein kompli-
ziertes Gebilde, nach seinen Hoheitsgebie-
ten fast so zerklüftet und so schwer zu
überblicken wie einst das geheiligt römische
Reich. Den Wißbegierigen aus der Ferne,
Japanern also, könnte ein Reiseführer viele
Provinzen zeigen, das Märchenhafte dazu:
Klein- oder Großherzogtümer mit mehr Ro-
mantik, als Heidelberg sie bietet – und Kö-
nigsburgen, verwunschene Schlösser, die
noch höher ragen als das von Neuschwan-
stein. Auch stolze Städte wären zu besichti-
gen, über alle politischen Grenzen hinaus;
Riga gehört zu ihnen wie Straßburg, Zürich
natürlich und Prag erst recht. Aber Pommern? Es steht zu befürchten, daß die Leute
aus Kyoto und Osaka das weite Land längs
der Ostsee nie zu sehen bekommen, weil der

Reiseleiter selbst es nicht kennt. Denn es handelt sich, im buchstäblichen wie im übertragenen Sinne, um ein verschwiegenes Land.

Die stattliche Liste der hier versammelten Autoren spiegelt darum vorab eine Verlegenheit. Manche der Namen gehören eigentlich nach Schweden oder nach Schlesien, nach Berlin, in die Mark Brandenburg oder wer weiß wohin, doch kaum nach Pommern. Zugleich gerät man ins Grübeln: War Carl Ludwig Schleich nicht in erster Linie als Mediziner berühmt, wie Rudolf Virchow, von dem er erzählt? Darf man den Sprachkünstler Bismarck für eine Provinz beanspruchen, wenn sein Hauptwerk, die »Gedanken und Erinnerungen«, sie hinter sich läßt? Nettelbeck dagegen war zwar ein Pommer, wie er im Buche steht, und bis in die Schulbuchlegenden reichte sein Ruhm. Aber der stammte, mit Gneisenau zur Seite, aus der Verteidigung von Kolberg, aus dem »Durchhalten«, das dann ein Dr. Joseph Goebbels beschlagnahmte, obwohl es nicht mehr geholfen hat. Nettelbecks schönste Geschichte spielt übrigens weitab in Lissabon; sie handelt vom kleinen Preußen und seinem großen König.

Ja, und der nun, Friedrich höchstselbst? Was es vom Thron herab über die Pommern zu sagen gab, hat bereits der Vater, der »Soldatenkönig«, formuliert, sei es mit einer seltsamen Rechtschreibung, weil die Puttkamersche, die mit ihrer Benennung schon auf Gebiete um Stolp verweist, noch längst nicht erfunden war: »Die pommerschen Wasallen seindt getreue wie goldt, sie Resonnieren wohll bißweilen, aber wen mein Successor saget, es soll sein und das Ihr sie mit guhtem zurehdet, so wierdt Keiner sich da wieder Mowieren gegen Eure Befehlle.«

Hätte ich eine Krone zu vergeben – die einzig angemessene natürlich, aus Roggen und Hafer, Gerste und Weizen kunstvoll geflochten –, ich müßte nicht zögern: Diese Erntekrone würde Elisabeth von Oertzen gehören. Denn sie jedenfalls steht auf dem heimischen Boden, »in Treue fest« nach dem Wahlspruch der Pommern. Und ihre Geschichten – vom Leichenbegängnis, von der Entenrike und viele andere – erzählen genau und farbenfroh aus dem Leben, wie es war. Nur, leider: In jenem geistlichen Reich, in dem die Literatur-Päpste regieren, weiß man von nichts. Man hat diese Elisabeth weder selig noch gar heilig gesprochen; man ist aufs Tiefgründige erpicht, nicht aufs Achtersinnige.

Wie läßt sich die pommersche Verschwiegenheit erklären? Eine der Deutungen könnte die ländliche Prägung betonen, die in die meisten der Städte noch weit hineinreichte. Bauern können mit Sense und Forke umgehen, kaum mit der Feder. Die Gutsherren wiederum, falls sie denn schrieben, handelten für ihre Lieblingszeitschrift »Wild und Hund« von den Rehböcken, den Hirschen und Wildschweinen, die es so reichlich gab wie sie selbst. Was auch sonst? War es, bei Lichte besehen, überhaupt standesgemäß und statthaft, sich auf ein bürgerliches Gewerbe wie die Schriftstellerei einzulassen? Zwar meine Großmutter produzierte aus dem Stegreif und unfehlbar treffsicher die herrlichsten Uz-Verse. Doch die blieben, wo sie hingehörten, beim Gebrauchswert für den Augenblick; als eine der Töchter, meine Tante mithin, sich aufs

Romaneschreiben verlegte, rettete die Familie sich teils in den Spott, teils in peinlich berührtes Verschweigen.

Eine zweite Deutung würde aufs Platt verweisen, das die Pommern sprachen, so daß sie sich ins Hochdeutsche wie in ein wenig bequemes, den Festtagen vorbehaltenes Kleid erst hineinfinden mußten. Unter den Weihnachtsbräuchen meiner Heimatkirche in Glowitz, Kreis Stolp, durfte nicht fehlen, daß die Katechumenen – Konfirmanden des ersten Jahrgangs – vor dem Altar Sprüche aus den Weissagungen vortrugen, um nach solch schwerem Werk die Lichter am Christbaum anzuzünden. Doch oftmals geschah es, daß ihre Aufregung sie ins vertraute Platt zurückspringen ließ; aus »den Kopf zertreten« (1. Buch Mose, Kapitel 3, Vers 15) wurde dann unversehens und zum allgemeinen Entzücken »den Kopp zerpedden«. Wie weit allerdings trägt diese Deutung aus dem sprachlichen Zwiespalt, wenn man sich an die niederdeutschen Erzähler und Dichter anderer Provinzen, an Fritz Reuter oder Klaus Groth erinnert – um von Johann Peter Hebel und der alemannischen Mundart nicht erst zu reden?

Unsere Erklärungsversuche könnten indessen noch eine neue, eher unerwartete Richtung einschlagen. Vielleicht waren die Pommern zu gemütvoll, um an Geschriebenem und im Schreiben Genüge zu finden. Was den Buchstaben brauchte, sagte ohnehin das Buch aller Bücher, die Lutherbibel. Wonach aber das Gemüt wirklich verlangte, das war das Singen, stets aufs schönste mehrstimmig und ausdauernd, ob es nun um die tränenseligen »Lieder aus der Küche« ging, die Moritaten, oder um Lieder aus dem Gesangbuch, je versereicher, desto besser. So betrachtet müßte man eigentlich Paul Gerhardt einen urpommerschen Dichter nennen, obwohl er weder durch die Geburt noch durchs Zureisen ins Land gehört.

Hiervon abgesehen gab es freilich die Erzählkünstler zuhauf, wie wohl nicht einmal in Schwaben. Womit denn sonst hätte man die langen und dunklen Abende eisklirrender Winter auf der Ofenbank zubringen sollen, wenn nicht mit den Märchen und

Sagen, den Schauer-, Spuk- und Gespenstergeschichten? Auch von dem, was sich tatsächlich ereignet hatte, wurde gern erzählt; nur ein gewisser Abstand wollte gewahrt sein, um das Ausschmücken zu erlauben.

Dazu noch gebot fast jedes Dorf über seine eigene, streng geheime Werkstatt zum Reimeschmieden. Sie wurde gebraucht, um die weitläufigen Gedichte zu verfassen oder je nach den Umständen abzuändern, die das Erntefest eröffneten. In manchen Dörfern wurden sogar – ach, unwiderruflich verloren inzwischen! – Bücher geführt, in die man die Ernteverse und über die Jahre hin ihre Wandlungen sorgfältig eintrug. Und welche Schätze bargen die Poesiealben! Wie griff es ans Herz, wenn man bündig zu lesen bekam, was vom Anbeginn bis zum Ende die Welt und das Leben bestimmt:

>*Durch Zufall lernten wir uns kennen,*
bald müssen wir uns wieder trennen.
Hochachtungsvoll! Dein Vater.<

Lange ist's her. Pommernland ist abgebrannt, wie der Singsang der Kinder es weissagte. Um so wichtiger wird nun, sich zu erinnern, einzusammeln, was noch zu finden ist – und zu erzählen. Mit seinen kleinen Geschichten will dieses Buch dazu beitragen.

Maikäfer, flieg!
Dein Vater ist im Krieg.
Deine Mutter ist in Pommernland,
Pommernland ist abgebrannt.

Friedrich der Große

Die Pommern

Aus dem Politischen Testament 1768

»Die Pommern haben einen geraden und
schlichten Sinn. Unter allen Provinzen hat
Pommern die besten Untertanen für die
Kriegsdienste wie für alle Ämter hervorgebracht. Nur mit diplomatischen Verhand-
lungen möchte ich sie nicht betrauen, weil
ihr Freimut sich nicht für Geschäfte eignet,
bei der man der Schlauheit mit Schläue
begegnen muß…

Die Pommern haben etwas Ungekünstel-
tes. Sie würden nicht ohne Geist sein, wenn
sie besser gebildet wären. Niemals aber werden sie schlau oder verschlagen sein. Der
gemeine Mann ist argwöhnisch und hart-
näckig. Sie sind eigennützig, aber weder
grausam noch blutrünstig, und ihre Sitten
sind sanft. Man bedarf also keiner Strenge,

um sie zu regieren... Manche leisten im Finanzfach ziemlich gute Dienste. Vergebens aber würde man aus ihnen politische Unterhändler machen wollen.«

Hull din Mun un do din Wark!
Steik di nich in jeden Quark!
Nix as dusent flitig Hänn
maken unsrer Not en Enn.

Joachim Christian Nettelbeck

Der Kirchturm brennt

Am 28. April des Jahres 1777, etwa um die Mittagszeit, stand ich in Kolberg beim Herrn Advokat Krohn am Fenster, als mitten in unserm Plaudern ein schrecklicher Donnerschlag geschah, so daß jener vor Schrecken neben mir niederstürzte und ohne Leben und Besinnung schien. In der Tat

Kolberg

glaube ich auch nichts gewisser, als daß er von dem Blitzstrahl getroffen worden, bis mein Rütteln und Schütteln ihn endlich doch wieder auf die Beine brachte.

»Wo hat es eingeschlagen?« fragte er, immer noch hoch bestürzt.

»Ich hoffe nirgends«, war meine Gegenrede, »oder mindestens doch nicht gezündet, da Regen, Schnee und Hagel die Luft erfüllen und alle Dächer triefen.« Allein im nämlichen Augenblick auch stürzte der Kaufmann, Herr Steffen, der schräg gegenüber wohnte, aus seinem Haus hervor, schlug die Hände überm Kopf zusammen, schrie aus Leibeskräften und richtete dabei den Blick immer nach dem Kirchturme empor, den er jenseits wahrnehmen konnte. Ich ahnte Unheil, lief also stracks hinüber, mußte aber lange auf ihn einreden, bevor ich's von ihm herausbekam: »Mein Gott! Unsere arme Stadt! – Sehen Sie denn nicht? Der Turm brennt ja lichterloh!« So war es denn auch wirklich. Die helle Flamme spritzte bei der Wetterstange gleich einem feurigen Springbrunnen empor, aus den Schallöchern sprühten die Funken einher wie Schneeflocken und flogen bereits in die Domstraße hinüber.

Ich, herzlich erschrocken, rannte nach der Kirche und die Turmtreppe hinan! Im Hinaufsteigen überdachte ich mir's, wie groß das Unglück werden könne und müsse. Wohl schwerlich werde es jemand unternehmen, bis in die höchste Spitze hinanzuklimmen, wo er in den finstern Winkeln sich nicht einmal so auskennen könnte wie ich, der ich sie in meiner Jugend so vielfältig und oft mit Lebensgefahr durchkrochen hatte. »Also nur frisch drauf und dran!« rief eine Stimme in mir. »Du weißt ja hier Bescheid!« In der Tat wußte ich auch, daß droben auf dem Glockenboden stets Wasser und Löscheimer bereitstanden; aber an einer Handspritze, die hier hauptsächlich not täte, konnte es leicht fehlen. Dies erwägend, machte ich auf der Stelle rechtsum, drängte mich mit Mühe an den vielen Menschen vorüber, die alle nach oben hinauf wollten, stürzte gleich ins erste nächste Haus und rief um eine Spritze. Sie war aber hier, wie auch im zweiten Hause nicht zu finden und wurde mir erst im dritten gereicht.

Jetzt wieder – die Angst und der Eifer gaben mir Flügel – zum Turme hinauf! In der Kunstpfeiferstube, die dicht unter der Spitze ist, fand ich bereits mehrere Maurer und Zimmerleute mit ihren Meistern. Indes schienen alle nicht recht zu wissen, was hier zu tun oder zu lassen sei. »Liebe Leute«, sprach ich, indem ich unter sie trat, »hier ist freilich nichts zu beginnen. Wir müssen höher hinauf, nach oben. Folgt mir!« – »Leicht gesagt, aber schwer getan!« antwortete mir der Zimmermeister Steffen. »Wir haben es schon versucht, aber es geht nicht. Sobald wir die Falltür über uns heben, fällt ein dichter Regen von Flammen und glühenden Kohlen hernieder und setzt auch hier die Zimmerung in Brand.« Das war freilich eine schlimme Nachricht! »Ei, es muß schon etwas drum gewagt sein!« rief ich endlich. »Ich will hinan! Helft mir durch die Luke. Ich will sehen, was ich tun kann!« – Sie öffneten mir die Falltür, ich stieg hindurch, ließ mir einen Eimer vom Wasser und die Handspritze reichen, und – – »Nun die Luke hinter mir zu, damit das Feuer keinen Zug bekommt!« befahl ich; und indes sie das taten, sah ich zu, was oben geschah. Eine Menge Feuerkohlen prasselten nieder, so daß ich mir den Kopf mit Wasser aus meinem Eimer anfeuchten mußte, um nicht aus meinen Haaren ein Feuerwerk zu machen. Um zugleich die Hände freizubekommen, schnitt ich ein Loch vorn in den Rock; dadurch steckte ich die Spritze; den Bügel des Eimers nahm ich in den Mund und zwischen die Zähne, und so wurde denn die weitere Reise angetreten.

Die Turmspitze ist inwendig mit unzähligen Holzriegeln quer verbunden; diese mußten mir zur Leiter dienen. Allein, wohin ich griff, um mir emporzuhelfen, alles fand ich voll glühender Kohlen; nur hatte ich nicht Zeit, an den Schmerz zu denken. Ich machte mich gegen ihn gefühllos, indem ich Kopf und Hände zum öfteren wieder anfeuchtete. Mit alledem war ich endlich so hoch gestiegen, daß mir in der engen Verzimmerung kein Raum mehr blieb, mich noch weiter hindurchzuwinden, und hier sah ich denn den rechten Mittelpunkt des Feuers noch acht oder zehn Fuß über mir zischen und sprühen. Jetzt klemmte ich den

Wassereimer zwischen die Sparren fest, sog meine Spritze daraus voll und richtete sie gegen jenen Feuerkern, wo das Löschen und Ersticken am notwendigsten schien. Nur beging ich die Unvorsichtigkeit, dabei unverrückt in die Höhe zu schauen, weil ich auch die Wirksamkeit meines Wasserstrahls beobachten wollte; darüber bekam ich die ganze Bescherung von Wasser, Feuer und Kohle so prasselnd ins Angesicht zurück, daß mir Hören und Sehen verging, bis ich, sobald ich mich wieder ein wenig besonnen hatte, es geschickter anfing und bei den zwei oder drei nächsten Handhabungen meiner Spritze die Augen fein abwärts kehrte. Auch hatte ich die Freude, daß sich bei jedem Zuge das Feuer merklich verminderte.

Nun aber war auch der Eimer geleert! Neue Verlegenheit! Denn das leuchtete mir allerdings wohl ein, daß, wenn ich hinabstiege, weder ich, noch sonst ein Mensch hier je wieder nach oben gelangte. Ich schrie indes aus Leibeskräften: »Wasser her, Wasser!« bis der Zimmermeister die Falltür aufhob und mir zurief: »Wasser ist hier, aber wie bekommst du es nach oben hinauf?« – »Da will ich mir's selber langen«, war meine Antwort, »nur bis über den Glockenstuhl schafft es mir!« Und so geschah es auch. Jene wagten sich höher, und ich kletterte ihnen von Zeit zu Zeit entgegen, um die vollen Wassereimer in Empfang zu nehmen; von ihnen machte ich dann auch so fleißig Gebrauch, indem ich den Brand tapfer bekämpfte, daß ich endlich das Glück hatte, ihn zu überwältigen und völlig zu löschen. Wo es aber noch irgend zu glimmen schien, kratzte ich mit meinen Händen die Kohle herunter, so weit ich irgend reichen konnte. Jetzt erst, da es hier nichts mehr für mich zu tun gab, gewann ich Zeit, an mich selbst zu denken. Ich spürte, wie mir in jeder Minute übler und immer übler zumute ward; denn

Wappen von
Kolberg

das zurückspritzende Wasser hatte mich bis auf die Haut durchnäßt, und zugleich war eine Hitze im Turme, die je länger, desto unausstehlicher wurde. Zwar eilte ich nun hinunter, aber als ich gegen die Schallöcher kam, gab es einen so schneidenden Luftzug, daß mir plötzlich die Sinne vergingen. Ich weiß nicht, ob ich auf meinen eigenen Füßen Gottes Erdboden erreichte oder ob mich die Leute hinabgetragen haben.

Als ich mich wieder besann, lag ich auf dem Kirchhofe, und mir zur Seite standen die Chirurgen Wüsthof und Kretschmer, die mir an beiden Armen eine Ader geöffnet hatten. Außerdem gab es noch einen dichten Haufen Menschen um mich herum, die von Teilnahme oder Neugierde herbeigeführt sein mochten. Mit der Wiederkehr des Bewußtseins begann ich nun aber auch erst meine Schmerzen zu fühlen. Meine Hände waren überall verletzt, die Haare auf dem Kopfe zum Teil abgesengt, der Kopf selbst wund und voller Brandblasen; in der Folge sind mir nie wieder Haare gewachsen. Nicht minder sind mir die beiden äußeren Finger an der rechten Hand, die vom Feuer am meisten gelitten hatten, bis auf die Stunde krumm geblieben; und so werde ich sie wohl mit in mein Grab nehmen müssen.

Adelbert von Chamisso

Die Jungfrau
von Stubbenkammer

Ich trank in schnellen Zügen
das Leben und den Tod
beim Königsstuhl in Rügen
am Strand im Morgenrot.

Ich kam am frühen Tage
nachsinnend einsam her
und lauscht' dem Wellenschlage
und schaute übers Meer.

Wie schweifend aus der Weite
mein Blick sich wieder neigt,
da hat sich mir zur Seite
ein Feenweib gezeigt.

An Schönheit sondergleichen,
wie nimmer Augen sahn,
mit goldner Kron' und reichen
Gewändern angetan.

Sie kniet' auf Felsensteinen,
umbrandet von der Flut
und wusch, mit vielen Weinen,
ein Tuch, befleckt mit Blut.

Umsonst war ihr Beginnen,
sie wusch und wusch mit Fleiß,
der böse Fleck im Linnen
erschien doch nimmer weiß.

Da sah sie unter Tränen
mich an und bittend fast;
da hat ein heißes Sehnen
mich namenlos erfaßt.

»Gegrüßet mir, du blendend,
du wundersames Bild!« –
Sie aber, ab sich wendend,
sprach schluchzend, aber mild:

»Ich weine trüb und trüber
die Augen mir und blind;
gar viele ziehn vorüber,
und nicht ein Sonntagskind.

Nach langem, bangem Hoffen
erreichst auch du den Ort –
O hättest du getroffen
zum Gruß das rechte Wort!

Hätt'st du Gott helf! gesprochen,
ich wär' erlöst und dein,
die Hoffnung ist gebrochen,
es muß geschieden sein!« –

Da stand sie auf, zu gehen,
das Tuch in ihrer Hand,
und, wo die Pfeiler stehen,
versank sie und verschwand.

Ich trank in schnellen Zügen
das Leben und den Tod
beim Königsstuhl auf Rügen
am Strand im Morgenrot.

Kreidefelsen bei
Stubbenkammer

Philipp Otto Runge

Von den Fischer un siine Fru

Daar was mal eens een Fischer un siine Fru, de waanten tosamen in'n Pispott, dicht an de See – un de Fischer ging alle Dage hen un angelt, un ging he hen lange Tid.

Daar satt he eens an de See bi de Angel un sach in dat blanke Water, un he sach ümmer na de Angel – daar ging de Angel to Grun'n, deep unner, un as he se heruttreckt, so haalt he eenen groten Butt herut – de Butt sed to em: »Ick bidd di, dat du mi lewen lettst, ick bin keen rechte Butt, ick bin een verwünscht' Prins, sett mi wedder in dat Water un laat mir swemmen.«

»Nu«, sed de Mann, »du bruukst nich so veele Woord' to maken, eenen Butt, de spreken kan, hadd ick doch woll swemmen laten.«

Daar sett't he en wedder in dat Water,

un de Butt ging fuurts weg to Grun'n un leet eenen langen Stripen Bloot hinne sich.

De Mann averst ging to siine Fru in'n Pispott un vertellt eer, dat he eenen Butt fangen hadd, de hadd to em segt, he weer een verwünscht' Prins, doon hadd he em wedder swemmen laten. »Hest du di den nix wünscht?« sed de Fru. – »Nee!« sed de Mann, »wat sull ick mi wünschen?« – »Ach!« sed de Fru, »dat is doch övel, ümmer in'n Pispott to wanen, dat is so stinkig un dreckig hier, ga du noch hen un wünsch uns ne lütte Hütt!« Den Mann was dat nich so recht, doch ging he hen na de See, un as he henkamm, so was de See gans geel un gröön da ging he an dat Water staan un sed:

> »Mandje! Mandje! Timpe Te!
> Buttje, Buttje in de See!
> Mine Fru, de Ilsebill,
> will nich so, as ick wol will.«

Daar kam de Butt answemmen un sed: »Na, wat will se denn?« – »Ach!« sed de Mann, »ick hev di doch fangen hätt, nu sed mine

Fru, ick hadd mi doch wat wünschen sullt, se mag nich meer in Pispott wanen, se wull geern ne Hütt hebben.« – »Ga man hen«, sed de Butt, »se is all daar in.« –

Daar ging de Mann hen, un siine Fru stund in eene Hütt in de Döör un sed to em: »Kumm man herin; sü, nu is dat doch veel beter!« Un daar was eene Stuwe un Kamer un eene Köck daar in, und da achter was een lütte Gaarn mit allerhand Grönigkeiten un een Hoff, da weeren Höner und Aanten. »Ach«, sed de Mann, »nu willn wi vergnögt lewen.« – »Ja«, sed de Fru, »wi willn't ver- söken.«

So ging dat nu wol een acht oder veertein Daag, daar sed de Fru: »Mann! de Hütt wart mi to eng, de Hoff un Gaarn is to lütt, ick will in een grot steenern Slott wanen; ga hen tum Butt, he sall uns een Slott schaffen.« – »Ach! Fru«, sed de Mann, »de Butt hett uns eerst de Hütt gewen, ick mag nu nich all wedder kamen, den Butt mügt et verdreeten.« – »I watt«, sed de Fru, »he kann dat recht good un deet dat geern, ga du man hen!« Daar ging der Mann hen, un siin Hart was em so swar; as he awerst bi de See kamm, was dat

Water gans vigelett un grag un dunkelblag,
doch was't noch still, dar ging he staan und
sed:

»Mandje! Mandje, Timpe Te!
Buttje, Buttje in de See!
Mine Fru, de Ilsebill,
will nich so, as ick wol will.«

»Na, wat will se denn?« sed de Butt. – »Ach«,
sed der Man gans bedrövd, »mine Fru will in
een stenern Slott wanen.« »Ga man hen, se
steit vör de Döör«, sed de Butt.

Daar ging de Mann hen, un siine Fru
stund vör eenen groten Pallast. »Sü, Mann«,
sed se, »wat is dat nu schön!« Mit des gingen
se tosamen herin, daar weeren so veel Be-
deenters, un de Wände weeren all blank, un
goldne Stööl un Dische waren in de Stuw, un
achter dat Slott was een Gaarn un Holt, woll
eene halve Miil lang, daar in weren Hirsche,
Reeh un Hasen, un up den Höff Köh- un
Peerdställ. »Ach!« sed de Mann, »nu willn wi
ook in dat schöne Slott bliwen un tofreden
sin!« – »Dat willn wi uns bedenken«, sed de
Fru, »un willn't beschlapen.« Mit des gingen
se to Bed.

Den annern Morgen waakt de Fru up, dat

was all Dag: da stödd se den Mann mit den Ellbagen in de Siid un sed: »Mann, stah up, wi möten König warden över all dat Land.« – »Ach! Fru«, sed de Mann, »wat wulln wi König warden, ick mag nich König sin;« »Na, denn will ick König sin.« – »Ach! Fru«, sed de Mann, »wo kannst du König sin, de Butt mügt dat nich doon.« – »Mann«, sed de Fru, »ga stracks hen, ick möt König sin.« Daar ging de Mann un was gans bedrövd, dat sin Fru König warden wull. Un as he an de See kamm, was se all gans swartgrag, un dat Watter geert so van unner up. Daar ging he staan un sed:

> »Mandje! Mandje! Timpe Te!
> Buttje, Buttje in de See!
> Mine Fru, de Ilsebill,
> will nich so, as ick wol will.«

»Na, wat will se denn?« sed de Butt. – »Ach!« sed de Mann, »mine Fru will König warden.« – »Ga man hen, se is't all«, sed de Butt.

Daar ging de Mann hen, un as he na den Pallast kamm, da weren daar so veele Soldaten un Pauken un Trumpeten, un siine

Fru satt up eenen hogen Troon van Gold un Demant un had eene grote goldne Kroon up, un up beiden Siiden bi eer, daar stunden sös Jumfern, ümmer eene eenen Kops lütt-jer as de annre. »Ach«, sed de Mann, »bist du nu König?« – »Ja«, sed se, »ick bin König.« Un as he eer so ne Wile anseen had, so sed he: »Ach Fru! wat lett dat schön, wenn du König bist, nun willn wi ook nich meer wünschen.« – »Ne, Mann«, sed se, »mi duurt dat all to lang, ick kan dat nich meer uthollen, König bin ick, nu möt ick ook Kaiser warden!« – »Ach! Fru«, sed de Mann, »wat wullst du Kaiser warden?« – »Mann«, sed se, »ga tum Butt, ick wul Kaiser sin.« – »Ach! Fru«, sed de Mann, »Kaiser kan he nich maken, ick mag den Butt dat nich seggen.« – »Ick bin König«, sed de Fru, »un du bist min Mann, ga gliik hen!« Da ging der Mann weg, un as he so ging, dacht he: »Dit geit un geit nich good, Kaiser is to utver-schamt, de Butt ward am Ende möde.« Mit des kamm he an de See, dat Water war gans swart un dick, un et ging so een Keekwind äver hen, dat dat sick so köret; daar ging he staan un sed:

33

> *»Mandje! Mandje! Timpe Te!*
> *Buttje, Buttje in de See!*
> *Mine Fru, de Ilsebill,*
> *will nich so, as ick woll will.«*

»Na, wat will se denn?« sed de Butt. – »Ach«,
sed he, »min Fru will Kaiser warden.« – »Ga
man hen«, sed de Butt, »se is't all.«

Dar ging de Mann hen, un as he daarkamm, so sätt siine Fru up eenen seer hogen
Troon, de was van een Stück Gold, un had
eene grote Kroon up, de was wol twee Ellen
hoch, bi eer up de Siiden, dar stunnen de
Trabanten, ümmer een lüttjer as de anner,
von den allergrötsten Risen bett to den
lüttsten Dwark, de was man so lang as miin
lüttje Finger. Vor eer, dar stunden so veele
Fürsten un Graven, da ging de Mann unner
staan un sed: »Fru! bist du nu Kaiser?« –
»Ja«, sed se, »ick bin Kaiser.« – »Ach!« sed
de Mann un sach se so recht an, »Fru, wat lett
dat schön, wenn du Kaiser bist.« – »Mann«,
sed se, »wat steist du daar, ick bin nu Kaiser,
nu will ick äwerst ook Pabst warden.« –
»Ach! Fru«, sed de Mann, »wat wist du Pabst
warden, Pabst is man eenmal in de Chri-

stenhcit.« – »Mann«, sed se, »ick möt hüüt
noch Pabst warden.« – »Ne, Fru«, sed he, »to
Pabst kan de Butt nich maken, dat geit nich
good.« – »Mann, wat Snack, kan he Kaiser
maken, kan he ook Pabst maken, ga fuurts
hen!« Daar ging de Mann hen, un em was
gans flau, dee Knee un de Waden slakkerten
em, un buten ging de Wind, un dat Water
was, as kaakt dat, de Schep schoten in de
Noot un dansten un sprungen up de Bülgen, doch was de Himmel in de Midde noch
so'n beeten blag, awerst an de Siiden, daar
toog dat so recht rood up as een swaar
Gewitter. Dar ging he recht vörzufft staan
un sed:

> »Mandje! Mandje! Timpe Te!
> Buttje, Buttje in de See!
> Mine Fru, de Ilsebill,
> will nich so, as ick wol will.«

»Na, wat will se denn?« sed de Butt. –
»Ach!« sed de Mann, »miin Fru will Pabst
warden.« – »Ga men hen«, sed de Butt, »se
is't all.«

Daar ging he hen, uns as he daarkamm,
satt sine Fru up eenen Troon, de was twee

Mil hoch, un had dree groote Kroonen up, un um eer, da was so veel van geistlike Staat, un up de Siiden bi eer, daar stunden twee Reegen Lichter, dat grötste so dick un groot as de allergrötste Torm, bet to dat allelüttste Kötenlicht. »Fru«, sed de Mann un sach se so recht an, »bist du nu Pabst?« – »Ja«, sed se, »ick bin Pabst!« – »Ach! Fru«, sed de Mann, »wat lett dat schön, wenn du Pabst bist; Fru nu wes tofrede, nu du Pabst bist, kanst du nix meer warden.« – »Dat will ick mi bedenken«, sed de Fru, daar gingen see beede to Bed, awerst se was nich tofreden, un de Girigkeit leet eer nich slapen, se dacht ümmer, wat se noch wol warden wull. Mit des ging de Sünn up; ha, dacht se, as se se ut den Finster so herupkamen sach, kann ick nich ook de Sünn upgaan laten? Daar wurd se recht so grimmig un stödd eeren Mann an: »Mann, ga hen tum Butt, ick will warden as de lewe Gott!« De Mann was noch meist im Slaap, awerst he verschrack sich so, dat he ut den Bed feel. »Ach! Fru«, sed he, »gaa in di un bliw Pabst.« – »Ne«, sed de Fru un reet sich dat Liivken up, »ick bin nich ruhig un kan dat nich uthollen, wenn ick de Sünn un

36

de Maan upgaan see un kan se nich ook upgaan laten, ick möt warden as de lewe Gott!« – »Ach! Fru«, sed de Mann, »dat kan de Butt nich, Kaiser un Pabst kan he maken, awerst dat kan he nich.« – »Mann«, sed se un sach so recht gräsig ut, »ick will warden as de lewe Gott, gaa gliik hen to'm Butt.«

Dat fuur den Mann so dörch de Gleder, dat he bewt vör Angst; buten awer ging de Storm, dat alle Böme un Felsen umweigten, un de Himmel was gans swart, un dat dunnert un blitzt; daar sach man in de See so swarte hoge Bülgen as Barg', un hadden baben all eene witte Kroon van Schuum up, da sed he:

> *»Mandje! Mandje! Timpe Te!*
> *Buttje, Buttje in de See!*
> *Mine Fru, de Ilsebill,*
> *will nich so, as ick wol will.«*

»Na, wat will se denn?« sed de Butt. – »Ach!« sed he, »se will warden as de leve Gott.« – »Ga man hen, se sitt all wedder in'n Pißpott.« Daar sitten se noch hüt un dissen Dag.

Ernst Moritz Arndt

Heimweh nach Rügen

O Land der dunklen Haine,
o Glanz der blauen See,
o Eiland, das ich meine,
wie tut's nach dir mir weh!
Nach Fluchten und nach Zügen
weit über Land und Meer,
mein trautes Ländchen Rügen,
wie mahnst du mich so sehr!

O wie mit goldnen Säumen
die Flügel rings umwebt,
mit Märchen und mit Träumen
Erinn'rung zu mir schwebt!
Sie hebt von grauen Jahren
den dunklen Schleier auf,
von Wiegen und von Bahren,
und Tränen fallen drauf.

O Eiland grüner Küsten!
O bunter Himmelsschein!
Wie schlief an deinen Brüsten
der Knabe selig ein!
Die Wiegenlieder sangen
die Wellen aus der See,
und Engelharfen klangen
hernieder aus der Höh'.

Und deine Heldenmäler
mit moosgewobnem Kleid,
was künden sie, Erzähler
aus tapfrer Väter Zeit,
von edler Tode Ehren
aus flüchtgem Segelroß,
von Schwertern und von Speeren
und Schildesklang und -stoß?

So locken deine Minnen
mit längst verklungenem Glück
den grauen Träumer hinnen
in alter Lust zurück.
O heißes Herzenssehnen!
O goldner Tage Schein,
von Liebe reich und Tränen!
Schon liegt mein Grab am Rhein.

Fern, fern vom Heimatlande
liegt Haus und Grab am Rhein.
Nie werd' an deinem Strande
ich wieder Pilger sein.
Drum grüß ich aus der Ferne
dich, Eiland lieb und grün:
Sollst unterm besten Sterne
des Himmels ewig blühn!

Otto von Bismarck

Abschied von Kniephof

Kniephof, Mittwoch abend 28. 4. 47
Heute früh, meine geliebteste Geliebte, bin
ich effektiv hier eingetroffen, nachdem ich
die Nacht mit drei Offizieren, die mich
kannten, ohne von mir gekannt zu sein, und
mit einer hübschen jungen Dame zuge-
bracht habe, die auf mein höfliches Anerbie-
ten, ihren Mittelplatz mit meinem sehr guten Eckplatz zu vertauschen, in gereiztem
Ton erwiderte: »Ich kann nicht rückwärts

Das alte Herrenhaus in Kniephof

sitzen, im übrigen is mich dieser Platz anje-
wiesen«, worauf ich ehrerbietig schwieg. In
Köslin war Aufruhr, noch nach 12 die Straßen so gedrängt voll, daß wir sie mit Mühe
und nur unter dem
Schutz einer Abtei-
lung der einbeor-
derten Landwehr
passierten. Bäcker
und Schlächter ge-
plündert, drei Häu-
ser von Kornhänd-
lern ruiniert, Schei-
benklirren usw. Ich
wäre gern dageblie-
ben. Die Rieselwie-
sen und die Stachel-

Wappen des
Fürsten Bismarck

beeren sind hier saftig grün, auch Faulbaum
und Flieder haben Blätter wie ein Dukaten
groß, und der Erdboden unter den Bäumen
und Büschen des Dornbergs (Park) war mit
blauen, weißen und gelben Blumen dicht
bezogen, in meinen vollständigen Wappen-
farben wie zum Abschiedsgruß prangend.

Auf der ganzen Gegend von Wiesengrün,
Wasser und entlaubten Eichen lag eine wei-

che traurige Stimmung, als ich nach vielem Geschäftsverdruß gegen Sonnenuntergang meinen Abschiedsbesuch auf den Plätzen machte, die mir lieb und auf denen ich oft träumerisch und schwermütig gewesen war. An der Stelle, wo ich ein neues Haus hatte bauen wollen, lag ein Pferdegerippe; noch im Knochenbau erkannte ich die Überreste meines treuen Caleb, der mich sieben Jahr lang froh und traurig, wild und träge auf seinem Rücken über manche Meile Weg getragen hat. Ich dachte an die Heiden und Felder, die Seen und die Häuser und die Menschen darin, an denen wir beide vorbei-geflogen, mein Leben rollte sich rückwärts vor mir auf, bis in die Tage zurück, wo ich als Kind auf dieser Stelle gespielt hatte; der Regen rieselte leise durch die Büsche und ich starrte lange in das matte Abendrot, bis zum Überlaufen voll Wehmut und Reue über die träge Gleichgültigkeit und die ver-blendete Genußsucht, in der ich alle reichen Gaben der Jugend, des Geistes, des Vermö-gens, der Gesundheit zweck- und erfolglos verschleudert, bis ich Dir, mein Herz, zumu-tete, das Wrack, dessen reiche Ladung ich im Übermut mit vollen Händen über Bord geworfen hatte, in den Hafen Deines unentweihten Herzens aufzunehmen.

Ich ging recht niedergeschlagen nach Hause; jeder Baum, den ich gepflanzt, jede Eiche, unter deren rauschender Krone ich im Grase gelegen, schien mir vorzuwerfen, daß ich sie in fremde Hände gab, und noch deutlicher taten das meine sämtlichen Tagelöhner, die ich hier versammelt vor meiner Tür fand, um mir ihr Leid zu klagen über die jetzige Not und ihre Besorgnisse vor der Zukunft unter dem Pächter. Der wird sich viel darum kümmern, wenn wir in Krankheit und Elend geraten; dabei hielten sie mir vor, wie lange sie meinem Vater schon gedient hätten, und die alten Grauköpfe weinten ihre hellen Tränen, und ich war auch nicht weit davon. Ich wußte auch nichts zu meiner Entschuldigung zu sagen, denn hätte ich mich um das Meinige bekümmert, anstatt Fremde für mich wirtschaften zu lassen, und wäre ich vernünftig gewesen wie ich verschwenderisch war, so wäre mir die Verpachtung jetzt nicht ein pekuniäres Bedürfnis geworden und wahrscheinlich gar nicht erfolgt. Es beunruhigt mich im Gewissen recht sehr, diese Leute, deren Schutz mir Gott anvertraut hat, der Habsucht des Pächters zu überlassen.

Moritz ist, wie mir Antonie schreibt, schon am Freitag nach Berlin gereist, wo ich ihn hoffentlich treffe. Morgen früh reise ich weiter und bleibe ein halben Tag in Stettin; Freitag nach Berlin, Sonntag mittag nach Schönhausen. Herzliche Grüße an unsre Mutter. *God bless you. Our love is the bright star that shines through the draery darkness of my soul!*

B.

Bismarck-
Denkmal

Theodor Fontane

Kinderjahre in Swinemünde

Swinemünde war, als wir im Sommer 1827 dort einzogen, ein unschönes Nest, aber zugleich auch wieder ein Ort von ganz besonderem Reiz, dabei aller Unbelebtheit der Mehrzahl seiner Straßen zum Trotz von jener eigentümlichen Lebendigkeit, die Handel und Schiffahrt geben. Es kam, um so oder so, um günstig oder ungünstig zu urteilen, ganz darauf an, an welche Stelle der Stadt man sich stellte. Wählte man als Beobachtungsposten den Kirchenplatz, zu dessen einschließenden Häusern auch unsere Apotheke gehörte, so ließ sich, obschon

hier die Hauptstraße vorüberführte, wenig
Gutes sagen; gab man aber die Innenstadt
auf und begab sich an den »Strom«, wie die
Swine regelmäßig genannt wurde, so ver-
kehrte sich die bis dahin ungünstige Mei-
nung in ihr Gegenteil.

Hier am Strome nämlich lief, auf fast eine
Viertelmeile Wegs, das »Bollwerk« hin, eine
Uferstraße, wie sie nicht poetischer gedacht
werden konnte. Gerade, daß hier alles nur
ein Mittelmaß hielt und nirgends an das
Große der wirklich großen Handelsempo-
rien erinnerte, gerade dies Mittelmaß der
Dinge lieh allem etwas überaus Anheimelndes, gegen das sich nur ein Griesgram oder
eine für die Zauber von Form und Farbe
ganz unempfindliche Natur verschließen
konnte. Hier liefen nämlich, vom abge-
schrägten Ufer aus, mal kleinere, mal größe-
re Bretterflöße bis in den Strom hinein,
schwimmende Bänke, darauf man von früh-
morgens an die Mädchen wäschespülend
bei der Arbeit sah, immer in heiterer Unter-
haltung untereinander oder mit den Schiffs-
leuten, die, behaglich über die Bollwerks-
brüstung gelehnt, ihnen zusahen. Diese mit

ihrer Staffage höchst malerisch wirkenden Flöße hießen »Klappen« und dienten, besonders den Fremden und Badegästen, zu besserer Ortsbezeichnung und Orientierung. Er wohnt an »Klempins Klapp« oder gegenüber von »Jahnkes Klapp«. Zwischen diesen verschiedenen Flößen beziehungsweise Waschbänken zog sich immer ein bestimmt abgegrenztes Stück Bollwerkwandung, und hier lag die Mehrzahl der Schiffe winters oft in drei, vier Reihen hintereinander.

War dann im Frühling die Swine wieder eisfrei, so begann sich alsbald alles wie mit Zauberschlag zu beleben und das Treiben am Strom hin zeigte, daß die Zeit der Ausfahrt wieder nahe sei. Dann wurde der Schiffskörper auf die Seite gelegt, um ihn auf etwaige Schäden hin besser untersuchen zu können, und waren diese gefunden, so sah man, am anderen Tage schon, an der betreffenden Bollwerksstelle kleine, mit Holzspänen und zerfaserten alten Tauenden unterhaltene Feuer, in deren Mitte das Pech in eisernen Grapen brodelte. Ganze Haufen von Werg daneben. Und nun begann der Prozeß des Kalfaterns. Kam dann Mittagszeit heran, so wurde noch eine Pfanne mit Kartoffeln und Speckstücken in die Glut geschoben, und viele, viele Male, wenn ich um diese Stunde hier meines Weges zog, sog ich begierig den appetitlichen Qualm ein, an dem mich der Pechbeisatz nicht im mindesten störte. Noch jetzt nähre ich mich, oder doch wenigstens meine Nerven, mit Vorliebe von dem Erdpechqualm, der mitunter durch unsere neu zu asphaltierenden Berliner Straßen zieht.

Um die Frühjahrs- und Sommerzeit setzte sich der mitten im Strome liegende englische Dampfbagger wieder in Tätigkeit, dem es oblag, das Fahrwasser zu verbessern. Und wie dem Baggern, so sah ich auch dem Anlegen der Schiffe zu, wenn diese von weiten Fahrten heimkamen, einzelne von ihren Reisen um die Erde, was damals noch etwas bedeutete. Mein Hauptschiff aber war der »Mentor«, von dem es hieß, daß er einen Kampf mit chinesischen See-

Wappen von Swinemünde

räubern siegreich bestanden habe. Die See-
räuber führten ein langrohriges Metallge-
schütz mit sich, das besser schoß als die
rohen, gußeisernen Kanonen, von denen
der »Mentor« etliche an Bord hatte. Dazu
war das Piratenboot viel schneller, und so
kam denn unser Swinemünder Kauffahrer
alsbald in eine schlimme Lage. Der Kapitän
aber wußte sich zu helfen. Er ließ alle seine
großen Böller an die eine Seite des Schiffes
schaffen und mäßigte jetzt die Fahrt absicht-
lich, um den Verfolgern das Näherkommen
leichter zu machen. Und nun war ihr Boot
auch wirklich heran, und die Piraten trafen
schon Anstalt, von der einen Seite her das
Schiff zu ersteigen. Da gab der Mentorkapi-
tän das verabredete Zeichen, und mit aller
Kraft und Schnelligkeit rollten jetzt die Böller von der einen Schiffsseite nach der anderen hinüber und schlugen, durch die dünne
Wandung hindurch, auf das unten halten-
de, schon siegessichere Boot, das nun, von
der Wucht der schweren eisernen Kanonen
in Stücke gebrochen, mit Mann und Maus
zugrunde ging.

  Solche Geschichten waren immer in der

Luft und knüpften nicht bloß an die Schiffe, sondern gelegentlich auch an die Häuser an, die den Schiffen gegenüber, an der anderen Seite des Bollwerks lagen. Weiter flußabwärts aber verloren sowohl diese Häuser wie die Geschichten ihren Reiz.

Die Stadt war sehr häßlich und sehr hübsch, und ein gleicher Gegensatz sprach sich, wenigstens auf die moralischen Qualitäten hin angesehen, in ihrer Bevölkerung aus. Es gab hier, wie immer in Seestädten, eine breite, tagaus, tagein unter Rum und Arrak stehende, zugleich den Grundstock der Gesamteinwohnerschaft ausmachende Volksschicht, daneben aber, ebenfalls nach

allgemein seestädtischem Vorbild, eine gei-
stig durchaus höher potenzierte Gesellschaft, die jedenfalls weit über das hinaus-
wuchs, was man damals in den von engsten
Philisteranschauungen beherrschten kleinen Städten der Binnenprovinzen anzutref-
fen pflegte. Daß die Bewohnerschaft allem
Spießbürgertum so durchaus fremd war,
hatte sicher in manchem seinen Grund, vorwiegend aber wohl darin, daß die gesamte
Bevölkerung von ausgesprochen internatio-
nalem Charakter war. In den umliegenden
großen und reichen Dörfern wohnten vielleicht noch wendisch-pommersche Autoch-
thonen aus den Tagen von Julin und Vineta
her; in Swinemünde selbst aber, zumal in
der Oberschicht der Bewohnerschaft, war
alles derart durcheinandergewürfelt, daß
man den Repräsentanten aller nordeuro-
päischen Völker selbst begegnete, Schweden, Dänen, Holländern, Schotten, die hier
früher oder später hängengeblieben waren,
die meisten wohl zu Beginn des Jahrhun-
derts, zu welcher Zeit die bis dahin sehr
unbedeutende Stadt überhaupt erst einen
Aufschwung genommen hatte.

Die Zahl der Einwohner war, als wir da-
selbst eintrafen, gegen viertausend, wovon
aber kaum der zehnte Teil städtisch-bürger-
lich und ein noch viel kleinerer Bruchteil
gesellschaftlich in Betracht kam. Was man
mit mehr oder weniger Fug und Recht »Gesellschaft« nennen konnte, bestand aus
nicht mehr als zwanzig Familien. Diese
zwanzig bildeten (auch ein paar vom Adel
aus der Umgegend kamen des weiteren
hinzu) eine sich im Olthoffschen Saale ver-
sammelnde »Ressource«, zu der noch, wie
zur Gesellschaft überhaupt, der Anhang
oder die Gefolgschaft einiger der reichsten
und angesehensten Häuser gehörten. Diese
halb aus armen Verwandten und halb aus
heruntergekommenen Kaufleuten beste-
hende Klientel wurde nicht immer, aber
doch jedesmal zu den größeren, auf starke
Wirkungen berechneten Gastereien mit
herangezogen, um hier, während der zweiten Tafelhälfte – die erste tat sich meistens
durch bemerkenswerte gute Haltung hervor – das über sich ergehen zu lassen, was
die Engländer *practical jokes* nennen. Trat
dieser Zeitpunkt ein, so lösten sich alle Ban-

de frommer Scheu, und man schritt nun zu den gewagtesten Experimenten, über die zu berichten die Feder sich sträubt. Einmal kam es vor, daß einem dieser Unglücklichen, unglücklich, weil er arm und abhängig, ein Backzahn mit der ersten besten Zange ausgezogen wurde, woraus man aber nicht schließen wolle, daß diejenigen, die dies vornahmen, überhaupt rohe Menschen gewesen wären. Nur der zu jener Zeit, zumal wenn die Weinlaune hinzukam, sich gern geltend machende gesellschaftliche Übermut, glaubte sich dergleichen erlauben zu dürfen. In reichen und vornehmen Häusern auf dem Lande ging man gelegentlich noch um einen Schritt weiter.

Klaus Granzow

Osterwasser oder
Schlatterwasser?

In der Nacht zum Ostersonntag kamen wir jungen Bengels gar nicht zur Ruhe. Die Stieperei mußte doch gründlich besorgt und kein Mädchen aus dem Dorf durfte ausgelassen werden. Kurz vor Sonnenaufgang aber liefen wir immer noch herum, um nun auch noch die Mädchen beim Osterwasserholen zu überraschen.

So schwer es oft war, die kräftigen Bauerntöchter durchzustiepen, so leicht war es, sie beim Nachhausetragen des Osterwassers zum Reden zu bringen. Denn wir wußten ja immer, wo wir ihnen am günstigsten auflauern konnten, weil es bei uns im Dorf nur zwei Quellen gab, die direkt nach Osten flossen: am Unterende nach Henningswalde und hinter dem Mühlenberg nach Starkow zu.

Wenn das Wasser nicht aus einer Quelle kam und zur Sonne hin floß, dann war es kein richtiges Osterwasser. Auch mußte man das Wasser holen, kurz bevor die Sonne aufging und es gegen den Strom in den Eimer schöpfen. Man konnte sich aber auch gleich an der Quelle waschen, am besten dann, wenn die Osterglocken vom Kirchturm erdröhnten.

Das wichtigste aber war doch, daß dieses schweigend zu geschehen hatte, denn sonst ging alle Heilkraft verloren. Sobald man auch nur ein Wort sagte oder einen Laut von sich gab, wurde aus dem Osterwasser wertloses Schlatterwasser! So hieß es auch in dem Reim über diesen Brauch:

> *»Mußt dich ducken,*
> *schöpfst Wasser 'raus.*
> *Darfst nicht mucken,*
> *sonst wird nichts draus!«*

Wer es aber schaffte, das Osterwasser schweigend nach Hause zu tragen, um sich damit zu waschen, der brauchte nicht mehr unter unreiner Haut, Pickeln oder Sommersprossen zu leiden. Er war auch gegen alle Krankheiten gefeit.

Einige Bauern gaben auch dem Federvieh von dem Osterwasser zu trinken, denn dann konnte es nicht von Ungeziefer befallen werden. Kühe und Pferde wurden damit getränkt, damit auch sie gegen alle Krank-

heiten und Seuchen geschützt waren. Wir jungen Bengels glaubten ja nicht an diesen Hokuspokus und hielten alles für Aberglauben. Darum versuchten wir nun mancherlei, um die Mädchen beim Osterwasserholen zum Reden oder Lachen zu bringen.

Hinter der Quelle versteckten wir uns in einer Buchenhecke, und wenn die Mädchen angelaufen kamen, ließen wir sie zunächst in aller Stille das Osterwasser in den Eimer schöpfen. Aber wenn sie dann aufstehen wollten und sie sich schon fast in Sicherheit wiegten, dann brüllten wir mit alle Mann auf einmal so laut los, wie wir nur konnten! Der Erfolg war stets der gleiche: Die Mädchen schrien vor Schreck auf, ließen den Eimer fallen und riefen überrascht: »Oh, wie hab' ich mich erschrocken!« oder auf plattdeutsch: »Oh, wat heww ich mi verfehrt!« Und das genügte, denn damit war aus dem Osterwasser schon Schlatterwasser geworden.

Nun gab es natürlich forsche Bauerntöchter, die nicht so leicht zu übertölpeln waren. Sie guckten uns bloß verächtlich an und liefen mit ihrem gefüllten Eimer ins Dorf zurück. Na, wir natürlich sofort hinterher! Unterwegs versuchten wir, sie mit allerlei Schabernack aufzuhalten. Vor allem aber machten wir die tollsten Faxen, um sie zum

Lachen zu bringen! Lauter dämliche Fragen stellten wir noch obendrein:

»Is dat juch Melkemmer orer is dat de Emmer för de Schwientuffle, in dem du dat Osterwaoter hole dest?«

»Du, im Kraug is eir greun Dauk mit lange Franse funne waore. Is dat dir Dauk? Gehört di dat nich? Schall ick di dat mitbringe?«

»Wettst ok wat? Eir Hund is grötter as ein Katt!«

Und so stellten wir eine Frage nach der anderen, und wir hofften stets auf eine Antwort. Doch wenn wir mit unseren Faxen und Witzen überhaupt nichts ausrichten konnten, gingen wir oftmals zum direkten Angriff über:

Dann versuchten wir, die Mädchen zu kneifen oder zu kitzeln oder ihnen das Wasser aus dem Eimer zu schülpern. Wenn das kalte Naß ihre Beine und Füße bespritzte, juchten die Mädchen meistenteils doch los und fingen an, uns auszuschimpfen.

Einigen gelang es manchmal doch, ihr Osterwasser bis nach Hause zu bringen. Auch eine von unseren Mädchen auf dem

Hof hatte es einmal so weit geschafft, daß sie ihren Eimer voll bis zur Haustür schweigend brachte. Doch als sie in die Küche kam und meine Mutter am Herd sah, rief sie ihr fröhlich zu:

»Ick heww dat schafft! Ich heww dat Osterwaoter bet naoh Huus bröcht!«

Meine Mutter konnte ihr darauf nur noch lachend antworten:

»Nu geit dat Waoter man werrer ut, denn nu is dat Schlarrerwaoter, wiel du tauletzt doch noch schlarret hest!«

Klaus Granzow

Pommersche Taufgebräuche

Wurde in Pommern ein Kind geboren, ging
der Vater hinaus in den Garten und pflanzte
einen Baum, der wie das Neugeborene kräftig wachsen und gedeihen sollte. Für einen
Jungen wählte man einen Apfelbaum, für
ein Mädchen einen Birnenbaum, für ein
Zwillingspärchen einen Kirschbaum. Die
Türen im Haus wurden geöffnet, damit die
Seele des Kindes zu seinem Körper finden
könne.

Während des Geburtsvorganges waren
Fenster und Türen jedoch verschlossen, sogar die Schlüssellöcher wurden verstopft,
damit keine bösen Geister sich dem Wo-
chenbette nähern konnten. Der jungen
Mutter war es dann jedoch vorbehalten, das
Zeichen des Kreuzes auf die Stirn des neu-
geborenen Kindes zu zeichnen oder es ein

wenig mit Wasser zu besprengen. Damit wehrte man die Dämonen und Hexen ab, die danach dem Kinde nichts mehr anhaben konnten.

Den ersten Kirchgang der Wöchnerin nannte man Aussegnung. Auf der Türschwelle mußte sie über eine Axt oder einen Besen schreiten, denn vor Metall und Reisern fürchteten sich die bösen Geister. Zur Taufe gingen oft Vater und Mutter nicht mit in die Kirche, sondern nur die Paten. Diese wurden vorher von der Hebamme oder der Großmutter des Kindes eingeladen. Meistens wurden die Tanten und Onkel des Kindes dazu ausgewählt. Bei einem Jungen waren dies zwei Männer und eine Frau, bei einem Mädchen zwei Frauen und ein Mann. Der Vater des Kindes konnte bei einem Jungen zwei Verwandte auswählen, die Mutter eine. Dagegen durfte der Vater bei einem Mädchen nur einen Verwandten bestimmen, wogegen die Mutter das Recht hatte, zwei Paten aus ihrer Verwandtschaft zu wählen. Unter den Paten sollte möglichst ein junges Mädchen sein, das zum ersten Mal dieses ehrenvolle Amt versah und dann

»Jungfer-Pate« genannt wurde. Sie durfte das Kind zur Taufe in die Kirche und ins Elternhaus zurücktragen. Ging die Jungfer-Pate mit dem Kind schnell, so glaubte man, würde das Kind schnell laufen lernen.

Die Kindtaufen fanden meistens im Anschluß an den sonntäglichen Gottesdienst statt. Meistens blieb jedoch die ganze Gemeinde bei der Zeremonie dabei, so daß sie wie ein Teil des Hauptgottesdienstes wirkte.

Gleich nach der Taufe schoben die Paten unter das Kissen, auf dem der Täufling lag, ihr Patengeschenk. In früherer Zeit waren dies zwei Taler. Sie legte man in einen kästchenartigen Briefumschlag und schrieb einen Spruch dazu, wie diesen, den man im Pyritzer Weizackergebiet gebrauchte:

Großer Gott von großen Taten,
laß dies Kindlein wohlgeraten!
Dieses liebe Töchterlein laß dir, Gott,
   befohlen sein!
Wie im Alter so in der Jugend
zier es mit Gottesfurcht und Tugend!
Laß dies seine schönste Zierde sein,
schmück es mit den Gaben dein!

Oder:

> *Gottes wunderreicher Segen fällt*
>   *hernieder wie ein Regen.*
> *Fall auf diesen meinen Paten, daß er*
>   *möge wohlgeraten,*
> *daß er möge wohlgedeihen, Gott und*
>   *Menschen zu erfreuen.*

Bei manchem Hoferben legte man noch eine Münze extra hinzu,damit ihm das Geld später nicht ausgehen könne, oder einige Brotbrocken, damit er stets zu essen oder Pferdehaare, damit er Glück im Umgang mit Pferden habe. Bei Mädchen tat man einige Körner von Leinsamen hinein, damit sie mit dem Flachs Glück hätten und später gut spinnen und weben könnten, auch wohl einige Federn, damit ihnen das Federvieh gut geriete, oder einige Nähnadeln, damit sie gut schneidern lernen würden. Im vorigen Jahrhundert bestand das Festmahl zur Taufe aus dicker Hirse mit Fischen, diese wurden in Bier braun gekocht. Dann gab es aber auch Braten mit Backpflaumen, sogar Wein wurde angeboten. Nach einer »Vertell«-Pause wurde Kaffee ausgeschenkt und

Kuchen angeboten. Zum Abend ging man bereits nach Hause, weil ja das Vieh auf den Höfen versorgt werden mußte.

Die Paten blieben dem Kind sein Leben lang treu verbunden und dankten ihm für seine gute christliche Lebensführung, indem sie ihm bis zur Einsegnung an jedem Heiligabend ein wertvolles Geschenk zudachten.

Elisabeth von Oertzen

Eine »große Leiche«

Gewissermaßen das Gegenstück zur Hoch-
zeit bildet die Beerdigung. Denn all die
großen Einschnitte des menschlichen Lebens wollen gehörig markiert – und das
heißt: festlich begangen sein. Hier folgt ein
Bericht, der aus dem 19. Jahrhundert
stammt. Aber er schildert, was in den
Grundzügen gültig blieb bis zuletzt.

»Der Bauer war eines frühen Sommer-
morgens recht sanft und selig entschlafen.

Seine Frau hatte alles getan, was in solchen Fällen üblich ist. Sie hatte geschrien,
daß man es drei Häuser weiter gehört, sie
war zweimal in Ohnmacht gefallen, einmal
sogar auf der Straße, was berechtigtes Auf-
sehen bei den Dorfbewohnern verursacht
hatte. Wenn das dampfende Essen auf dem
Tisch erschien, brach sie in Schluchzen aus

und versicherte, keinen Bissen hinunter-
würgen zu können. Dann aber wandte sie
sich voll und ganz ihren wichtigen Pflichten
zu.

Eine ›große Leiche‹ ist so ziemlich das
hervorragendste Ereignis, das auf dem Lande stattfinden kann.

Aller Gemüter sind dadurch in Spannung
versetzt, aller Augen denjenigen zuge-
wandt, welche die ›Ausrichtung‹ zu besor-
gen haben, und so kann man seine Teilnahme einer Frau nicht versagen, die sich bitter
beklagte, daß in ihrem Dorf den ganzen
langen Winter über nichts vorgefallen:
›Kein Jräfnis, kein jor nißt!‹

Die Bäuerin zeigte sich der Sachlage völlig
gewachsen. Sie ließ die Leiche so ›fein aus-
putzen‹, daß die Leute nur immer herbei-
strömten, um sie zu bewundern; sie – das
heißt die Bäuerin – bestellte ›ein extra feines
Sarch‹, einen Kreppschleier und eine städti-
sche Kochfrau.

Und nun begann auf dem Hof ein Mor-
den, das seinesgleichen sucht. Ströme von
Gänse-, Hühner-, Schweine-, Kälber- und
Hammelblut flossen, Feuer prasselten, Mäg-

de eilten atemlos einher mit Mollen, Schüsseln, Kuchenblechen. Da wurde gestampft, gerieben, geknetet, gespickt, gebraten, gescheuert und Girlanden gewickelt.

Jeder, der an einem solchen Festessen teilzunehmen gedenkt, hat vorher einen entsprechenden Tribut zu entrichten. Und so öffnete sich denn auch fortwährend die Tür, große und kleine Boten erschienen mit Schüsseln voll Mehl, Töpfen mit Milch, Körben voll Butter und Eiern und andern guten Dingen, die nach Möglichkeit verwendet wurden.

Das Mahl oder vielmehr die Mahlzeiten,

welche den vom Kirchhof zurückkehrenden Gästen vorgesetzt wurden, übertrafen aber noch die kühnsten Erwartungen.

Die verschiedenen Tische in den verschiedenen Räumen reichten kaum aus, um die Fülle der Speisen aufzunehmen: eine Hühnersuppe, deren Oberfläche ein einziges lachendes Fettauge bildete, sechserlei Braten, fünferlei Eingemachtes, dreißig Pfund Fisch, Milchreis mit einer fingerdicken Brot- und Zimtkruste, ungeheure Schüsseln voll dampfender Kartoffeln, Wein, Bier, Schnaps und so weiter.

Es war an diesem schwülen Tage heiße Arbeit sowohl für die Kochenden und Auftragenden wie für die Schmausenden, welche sich ihrem Geschäfte mit jener bedächtigen Gründlichkeit hingaben, mit der sie alle Aufgaben des Lebens ergriffen.

Eine Weile war's still in den wohlgefüllten Stuben, man hörte nur das Klappern der Teller und Löffel, die Geräusche des Essens und das Summen unzähliger Fliegen, welche angelockt durch die wonnigen Düfte in entzücktem taumelndem Schwarm das Haus durchsurrten.

Die Bauernfrau, die in ihrem neuen Trau-
erstaat ebenso hübsch und jung wie würde-
voll und stattlich aussah, hatte sich im Vor-
derraum zu den Honoratioren, dem Pastor,
dem Küster, dem Dorfschulzen, dem Guts-
inspektor, dem Kaufmann aus der kleinen
Stadt und den nächsten Verwandten gesetzt
und begann in feierlichem Hochdeutsch mit
hoher klagender Stimme die letzten Stunden ihres Mannes zu beschreiben.

Sie fing – sehr zweckmäßiger Weise – mit
der Zeit an, in welcher er noch völlig gesund
gewesen, dann kam die ausführliche Schil-
derung aller Feldarbeit, die er im letzten
Frühjahr vorgenommen, aller Käufe und
Verkäufe und wie er vom letzten ›Füllen-
marcht‹ durchnäßt heimgekehrt.

›Etwas kränklich war er dann all ümmer,
er hat es so oft auf die Bost, als wie so'n
Lungenkandarh, daß mich öfter schon
Angst vor die Schwienzucht (Schwindsucht)
wär. Wie er nu nach Haus kömmt, da kält'
ihm das so in die Bein. 'n Schnaps nahm der
ja nich! ‚Mutter‘, sagt er, ‚mach mich ne jut
heiße Tass' Kaffe und in der Manteltasch'
sticht för'n Jroschen Franzsemmel.‘ Und wie

ich ihm dat bringen tu, da trinkt er man eine Tass' und von der Franzsemmel ißt er so'n Fittken, so als das End von mein Daumen, sehen Sie Herr Pastor, blos so'n Fittken‹ – das Taschentuch wurde vor die Augen geführt, – ›auf'n Freitag war't, jrad elf Wochen, eh er mich is tot jeblieben.‹

Hier wurde die Trauernde unterbrochen, um den Schulkindern, die beim Begräbnis grell und beharrlich gesungen hatten, Kaffee und Kuchen zuzuteilen.

Ach, wie die Kleinen in ihren bunten Sonntagskleidern alle in den Hausflur drängten und mit verklärten Gesichtern die ungewohnten Leckerbissen in ungewohnter Fülle entgegennahmen!

Auch drinnen ging man zu diesen Genüssen über. ›De irst Not war kihrt‹ – man machte jetzt Pausen, die durch Rauchen und lebhafte Gespräche ausgefüllt wurden. Neuigkeiten wurden mitgeteilt, Händel abgeschlossen, Politik getrieben, zu Pate gebeten, zärtliche Blicke und geheime Worte getauscht.

Die Bäuerin ging von einem Tisch zum andern, nötigte zum Kaffee und dem fliegenbedeckten Kuchen, und dazwischen hörte man immer wieder ihre helle Trauerstimme:

›Sehn Se, so'n Fittken von för'n Jroschen Franzsemmel, nich länger als dit End' von mein' Daumen, so'n klein Fittken, jrad elf Wochen...‹

Aber immer wieder wurde sie unterbrochen von den vor Eifer und Anstrengung blauroten Mägden – ja es war sehr heiße Arbeit!

Zum Abendessen waren die Gäste außerordentlich heiterer Stimmung, welche die halbe Nacht durch währte, bis schließlich der eine und andere aufzubrechen begann. Die Bäuerin, welche die Episode von dem Fittken Franzsemmel, das der Selige verzehrt – weiter kam sie in der Beschreibung seiner Leiden dank ihrer großen Gründlichkeit nicht –, zum letztenmal erzählt hatte, war jetzt mit der Verteilung der Reste beschäftigt, von denen jeder Gast mit frohem Dank eine ansehnliche Portion nach Hause nahm. Endlich, endlich wurde auch die letzte fröhliche laute Stimme auf der Straße still: die große Leiche war vorüber.«

Ricarda Huch

Stralsund

Altgraue Stadt, die das Meer umblaut,
wo das rostrote Segel sich bläht,
aufblitzt der Fische blanke Haut
und die gaukelnde Möwe kräht.

Es brandet um der Kirche Wall
vergebens Well und Sturm,
sie zittert wohl von der Orgel Schall,
kein Feind stürzt ihren Turm.

A S. Marien | B S. Jacop | C S. Cathacinen | D S. Nicolaus | E Rathaus | F S. Johannis

Stralsund

Die Wolken mit zartem Flügelschlag
streifen ihr Haupt, drin wühlt
ein Traum von zorniger Schlachten Tag,
wo Blut ihren Fuß umspült.

Da liegen die Toten Stein bei Stein,
die Glocken summen dazu:
Ewiges Gedächtnis, mein Sohn, sei dein,
ewige, ewige Ruh!

Carl Ludwig Schleich

Die Leiche
der Fleischermeistersgattin

Eines Tages, es war schon spät am Nach-
mittag, saß ich im Zimmer und ordnete Ge-
hirnschnitte, als es heftig klopfte. Ich rief:
»Herein!« Vor mir stand in Frack und
Zylinder, mit Orden und Ehrenzeichen geschmückt, ein rundlicher Herr mit hoch-
geröteten Wangen, fettglänzend und mit
dicken Fleischermeisterfingern heftig gesti-
kulierend.

»Is dat eene Wirtschaft hier in die olle
Leichenbude! Wo is denn hier wer zu spre-
chen? Da hört sich doch alles uff. Ick will
hier meine Olle abholen zu's Begräbnis,
werd' in Keller gewiesen, da steht der Sarg,
ick macht' uff. Wat seh ick? Nich meine
Frau! Nee, een besoff'ner Wärter liegt mang
die Seidenspitzen, schnarcht, un meine
Olle aus'n Sarg raus, quer uff de Erde!!

75

Da schlag doch gleich ein Kreuz-Himmel-Donnerwetter in die janze Bude!«

»Um Gottes willen! Herr! Das ist ja entsetzlich! Bitte, beruhigen Sie sich. Ich komme gleich mit Ihnen.« Ich führte ihn eilig hinaus, stürzte durch die Räume vor Virchows Tür. Eine schwache Hoffnung! Vielleicht war er selbst noch da. Was sollte ich autoritätsloser Bakkalaureus nur anfangen?

Gott sei Dank! Er war da. In größter Eile berichtete ich: »Herr Geheimrat! Unten im Leichenkeller liegt ein betrunkener Leichenwärter im Sarg einer zu Bestattenden. Der Mann will sie abholen und hat das Entsetzliche gesehen!«

Virchow stieß wie ein Falke vor. Als er den Meister sah, sprach er ihn ruhig an. »Ich bin Virchow. Ihnen wird jede Genugtuung werden!«

»Schlächtermeister Müller aus der Köpenicker Straße. Habe schon die Ehre, Herr Geheimrat! Aus dem Bezirksverein. Habe öfters mit Herrn Geheimrat am Präsidententisch die Ehre besessen. Stramm liberal, immer vor'n Fortschritt!«

Virchow gab ihm sehr herzlich die Hand.

Rudolf Virchow

Nun ging's in den Keller. Wahrhaftig, da lag
in den zerwühlten Kissen, um sich die Ho-
belspäne verstreut, schnarchend das Vieh
von einem Wärter. Der Präparatenspiritus
war eine riesige Gefahr für diese Leute.
Virchow schlug ihm blitzartig hinter die
Ohren, riß ihn mit meiner Hilfe heraus, und
wir warfen ihn wie ein Bündel Flicken in die
Ecke. Dann säuberte Virchow eigenhändig
die Leiche, bettete alles förmlich und feier-
lich zurecht und hob die gekränkte Tote
selbst zurück in ihr letztes Bett. Dann sagte
er: »Herr Schlächtermeister! Verschieben

Sie, bitte, die Beerdigung um eine Stunde. Ich komme selbst zurück. Ich werde mir persönlich die Ehre erweisen, Ihrer verstorbenen Frau das letzte Geleit zu geben!« »Aber, Herr Geheimrat! Es geht bis nach Weißensee!« »Das tut nichts. Ich komme!«

Virchow nahm, was äußerst selten war, eine Droschke und reihte sich im bald formierten Trauerzuge neben den Schlächtermeister, der, stolz, an der Seite des berühmten Mannes wandern zu dürfen, die angetane Schmach verzieh. Virchows geniale Diplomatie verhütete einen gewiß gräßlichen öffentlichen Skandal. Er war doch auch ein großer Psychologe.

Selma Lagerlöf

Die Stadt auf dem Meeresgrunde

Als Herr Ermenrich sich auf die Erde hinab-
sinken ließ und anhielt, war es dem Jungen,
als sei erst eine unbegreiflich kurze Zeit
vergangen; und doch hatte der Storch einen
ganz bedeutenden Weg zurückgelegt, denn
in demselben Augenblick, wo er den Jungen
auf die Erde setzte, sagte er: »Dies ist Pommern. Jetzt bist du in Deutschland,
Däumling.« Der Junge war über die
Nachricht, daß er sich in einem fremden Lande befinde, ganz ver-
dutzt. Das hätte er nie gedacht. Schnell sah er sich
um. Er stand auf einem
einsamen, mit weichem,
feinem Sand bedeckten
Meeresstrand. Auf der
Landseite lief eine lange

Reihe, oben mit Strandhafer bewachsener Dünenhügel hin, die zwar nicht sehr hoch waren, dem Jungen aber die Aussicht ins Land hinein vollständig versperrten.

Herr Ermenrich stieg auf einen Sandhügel hinauf, zog das eine Bein in die Höhe und legte den Hals zurück, um den Schnabel unter die Flügel zu stecken. »Während ich mich ausruhe, kannst du eine Weile am Strande umherwandern«, sagte er zu Däumling. »Aber verlaufe dich nicht, damit du mich wiederfinden kannst.«

Der Junge wollte zuerst einen Dünenhügel erklettern, um zu sehen, wie das Land dahinter aussehe. Aber kaum hatte er ein paar Schritte gemacht, als er mit der Spitze seines Holzschuhs an etwas Hartes stieß. Er bückte sich, und da sah er auf dem Sande eine kleine, von Grünspan durch und durch zerfressene, dünne Kupfermünze. Sie war so schlecht, daß sie ihn nicht einmal des Aufhebens wert deuchte, und er schleuderte sie mit dem Fuße weg.

Aber als sich der Junge wieder aufrichtete, wie grenzenlos überrascht war er da! Keine zwei Schritte vor ihm erhob sich eine

dunkle Mauer mit einem großen turmge-
krönten Tor.

Vor einem Augenblick, als er sich nach
der Münze bückte, hatte sich das Meer noch
glänzend und glitzernd vor ihm ausgebrei-
tet, jetzt aber war es durch eine lange Mauer
mit Zinnen und Türmen verdeckt. Und
gerade vor dem Jungen, wo vorher nur
einige Tangbänke gewesen waren, öffnete
sich das große Tor in der Mauer.

Der Junge war sich ganz klar darüber, daß
dies eine Art Geisterspuk sein mußte. Aber
er dachte, davor brauche er sich wahrlich
nicht zu fürchten. Was er sah, war ja gar
nicht unheimlich oder grauenhaft. Die
Mauern und Türme waren prächtig gebaut,
und jetzt regte sich auch gleich der Wunsch
in ihm, zu sehen, was dahinter sei. »Ich muß
untersuchen, was das ist«, dachte er, und
damit ging er durchs Tor.

Unter dem kleinen Torgewölbe saßen in
bunten, gepufften Anzügen, langstielige
Streitäxte neben sich, die Wächter und spielten Würfel. Sie waren ganz in ihr Spiel
vertieft und gaben nicht auf den Jungen
acht, der hastig an ihnen vorbeieilte.

Dicht am Tor war ein freier, mit glatten Steinfliesen gepflasterter Platz. Ringsum standen hohe, prachtvolle Häuser, und zwischen diesen öffneten sich lange, schmale Straßen.

Auf dem Platz vor dem Tor wimmelte es von Menschen. Die Männer trugen lange, pelzverbrämte Mäntel über seidenen Unterkleidern, federngeschmückte Barette saßen ihnen schräg auf dem Scheitel, und über die Brust herunter hingen ihnen wunderschöne Ketten. Alle waren herrlich gekleidet, es hätten lauter Fürsten sein können.

Die Frauen trugen spitze Hauben und lange Gewänder mit engen Ärmeln. Sie waren auch prächtig geschmückt, aber ihr Staat konnte sich bei weitem nicht mit dem der Männer messen.

Dies alles glich ja ganz den Bildern in dem alten Märchenbuch, das Mutter ab und zu einmal aus ihrer Truhe holte und ihm zeigte. Der Junge wollte seinen Augen nicht trauen.

Aber noch viel merkwürdiger als die Männer und die Frauen war die Stadt selbst. Jedes Haus hatte einen Giebel nach der

Straße zu, und diese Giebel waren so reich verziert, daß man hätte glauben können, sie wollten miteinander wetteifern, welcher von ihnen am schönsten geschmückt sei.

Wer rasch viel Neues zu sehen bekommt, kann sich nachher nicht mehr an alles erinnern. Aber der Junge erinnerte sich später doch noch, daß er ausgezackte Giebel gesehen hatte, auf deren verschiedenen Absätzen die Figuren von Christus und den Aposteln standen, Giebel, die an beiden Seiten hinauf mit Figuren geschmückte Nischen hatten, dann wieder solche, die mit buntem Glas oder mit weißem und schwarzem Marmor eingelegt waren und die ihm gewürfelt und gestreift entgegenschimmerten.

Doch während der Junge alles dies bewunderte, wurde er von einer ihm selbst unbegreiflichen Hast überfallen. »So etwas haben meine Augen noch nie gesehen. So etwas werde ich meiner Lebtage nicht wieder sehen«, sagte er sich. Und er begann in die Stadt hineinzulaufen, Straße auf, Straße ab, ohne anzuhalten. Die Straßen waren eng und schmal, aber durchaus nicht leer und düster wie in den Städten, die er bis jetzt gesehen hatte. Überall waren Menschen; alte Weiber saßen vor ihren Türen und spannen ohne Spinnrädchen, nur an der Kunkel. Die Warenlager der Kaufleute waren wie Marktbuden nach der Straße zu offen. An einem Platz wurde Tran gekocht, an einem andern wurden Häute gegerbt, an einem Wege war eine Seilerbahn.

Wenn der Junge nur Zeit gehabt hätte, ja, dann hätte er hier alles mögliche lernen können! Er sah, wie die Waffenschmiede dünne Brustharnische hämmerten, wie die Goldschmiede Edelsteine in Ringe und Armbänder einsetzten, wie die Drechsler ihre Dreheisen handhabten, wie die Schuhmacher weiche rote Schuhe sohlten, wie der Goldspinner Goldfäden drehte und wie die Weber Seide und Gold in ihr Gewebe hineinwoben.

Aber der Junge hatte keine Zeit zum Verweilen. Er stürmte nur immer vorwärts, um soviel als möglich zu sehen, ehe alles wieder verschwinden würde.

Die Stadtmauer ging rund um die Stadt herum und umschloß sie, gerade wie in

Schweden die Steinmäuerchen die Äcker einfrieden. Am Ende jeder Straße sah man die Mauer turm- und zinnengekrönt hervorschauen. Und oben darauf wanderten Kriegsknechte umher in glänzendem Harnisch und blankem Helm.

Als der Junge die ganze Stadt durchquert hatte, kam er wieder an ein Stadttor. Da draußen lag das Meer und der Hafen. Hier sah der Junge altertümliche Schiffe mit Ruderbänken in der Mitte und mit hohen

Aufbauten vorn und hinten. Lastträger und Kaufleute liefen eifrig hin und her. Überall war Leben, und alle hatten es eilig.

Aber auch hier erlaubte ihm seine innere Unruhe nicht, sich aufzuhalten. Er eilte wieder in die Stadt hinein und kam jetzt auf den großen Marktplatz. Hier lag die Domkirche mit drei hohen Türmen und tiefen, mit steinernen Figuren geschmückten Toren. Die Wände waren mit Bildhauerarbeit so reich verziert, daß auch nicht ein einziger Stein zu sehen war, der nicht seinen Schmuck gehabt hätte. Und welch eine Pracht schimmerte durch das offne Portal heraus! Goldne Kruzifixe, mit vergoldeter Schmiedearbeit verzierte Altäre und Priester in goldnen Meßgewändern! Der Kirche gerade gegenüber stand ein Haus mit Zinnen auf dem Dach und mit einem einzigen schlanken himmelhohen Turm. Das war wohl das Rathaus. Und von der Kirche bis zum Rathaus, rings um den ganzen Markt herum, standen die schönsten Giebelhäuser mit den mannigfaltigsten Verzierungen.

Der Junge hatte sich warm und müde gelaufen; er dachte, er habe nun so ziemlich das Merkwürdigste von der Stadt gesehen, und ging deshalb etwas langsamer weiter. Die Straße, in die er eben eingebogen war, das war gewiß die, wo die Stadtbewohner ihre prächtigen Kleider kauften. Die Leute drängten sich vor den kleinen Läden, wo die Kaufleute auf ihren Tischen starre, geblümte Seidenstoffe, dicken Goldbrokat, schillernden Samt, leichte, flockig gewobene seidene Tücher und spinnwebdünne Spitzen ausbreiteten.

Vorher, als der Junge so rasch gelaufen war, hatte niemand auf ihn achtgegeben. Die Leute hatten gewiß geglaubt, es springe nur eine graue Ratte vorbei. Aber jetzt, wo er ganz langsam durch die Straßen dahinwandelte, gewahrte ihn einer der Kaufleute, und sogleich begann er ihm zu winken.

Der Junge wurde zuerst ängstlich und wollte davonlaufen; aber der Kaufmann winkte ihm nur, lachte ihm zu und breitete ein herrliches Stück Seidensamt auf seinem Tische aus, als ob er ihn damit herbeilocken wollte.

Der Junge schüttelte den Kopf. »Ich werde in meinem ganzen Leben nicht so reich sein, um auch nur einen Meter von diesem Stoff kaufen zu können«, dachte er.

Aber jetzt hatte man ihn die ganze Straße entlang von jedem Laden aus bemerkt. Wohin er auch sah, überall stand ein Krämer und winkte ihm. Sie ließen ihre reichen Kunden stehen und dachten nur noch an ihn. Er sah, wie sie in den verstecktesten Winkel des Ladens liefen, um das Beste, was sie zu verkaufen hatten, hervorzuholen, und wie ihnen, während sie es auf den Tisch legten, vor Hast und Eifer die Hände zitterten.

Als der Junge nicht anhielt, sondern weiterging, sprang einer der Kaufleute über seinen Tisch weg, hielt ihn fest und breitete Silberbrokat und in allen Farben schillernde gewebte Tapeten vor ihm aus. Der Junge konnte nicht anders, als den guten Mann auslachen. Er hätte ihm doch ansehen müssen, daß ein so armer Schlucker wie er keine solchen Waren kaufen konnte. Er blieb stehen und streckte dem Krämer seine beiden leeren Hände hin, um den Leuten zu zeigen, daß er nichts besaß und daß sie ihn in Ruhe lassen sollten.

Da hob der Kaufmann einen Finger auf, nickte ihm zu und schob ihm den ganzen Haufen von herrlichen Waren hin.

»Kann er meinen, er wolle dies alles für ein einziges Geldstück verkaufen?« fragte sich Däumling.

Der Kaufmann zog ein kleines abgegriffenes, schlechtes Geldstück heraus, das geringste, das es überhaupt gibt, und hielt es dem Däumling hin. Und in seinem Eifer, zu verkaufen, legte er noch zwei große silberne Becher auf den Haufen.

Da begann der Junge in seinen Taschen zu suchen. Er wußte zwar wohl, daß er nicht einen einzigen roten Heller besaß, aber unwillkürlich sah er doch nach.

Alle die andern Kaufleute sahen eifrig zu, wie der Handel ablaufen würde, und als sie den Jungen in seinen Taschen suchen sahen, sprangen sie über ihre Tische, ergriffen so viel Gold- und Silberschmuck, als ihre Hände zu fassen vermochten, und boten es ihm an. Und alle machten ihm Zeichen, daß sie als Bezahlung nichts weiter verlangten als einen einzigen Heller.

Aber der Junge drehte seine Westen- und

Hosentaschen um und um; er besaß nichts, gar nichts. Da traten allen diesen stattlichen Kaufleuten, die doch soviel reicher waren als er, die Tränen in die Augen, und der Junge fühlte sich seltsam bewegt, denn sie sahen gar so ängstlich aus. Er besann sich, ob er ihnen denn nicht auf irgendeine Weise helfen könnte, und da fiel ihm plötzlich die grünspanige Kupfermünze ein, die er vorhin am Strand gesehen hatte.

Sofort lief er in größter Eile die Straße hinunter; und er hatte Glück, denn er kam an dasselbe Tor, durch das er zuerst gegangen war. Er stürzte hinaus und suchte nach der Kupfermünze, die vorhin hier gelegen hatte.

Und richtig, da lag sie; aber als er sie aufgehoben hatte und mit ihr in die Stadt zurückeilen wollte, sah er nur noch das Meer vor sich. Keine Stadtmauer, kein Tor, keine Wächter, keine Straßen, keine Häuser waren mehr zu sehen, nichts, nichts als das Meer!

Unwillkürlich traten dem Jungen die Tränen in die Augen. Von Anfang an hatte er ja alles, was er gesehen hatte, für eine Gesichtstäuschung gehalten, aber nachher hatte er dies ganz vergessen und nur noch daran gedacht, wie schön alles sei; und jetzt, wo die Stadt verschwunden war, fühlte er sich aufs tiefste betrübt.

In demselben Augenblick erwachte Herr Ermenrich und ging zu Däumling hin. Aber der Junge hörte ihn nicht, und der Storch mußte ihn mit dem Schnabel anstoßen, um sich bemerklich zu machen. »Ich glaube, du hast ebenso fest geschlafen wie ich«, sagte er.

»Ach, Herr Ermenrich«, sagte Däumling. »Was war das für eine Stadt, die eben hier stand?«

»Hast du eine Stadt gesehen?« erwiderte der Storch. »Du hast geschlafen und geträumt, ich hab' es ja gesagt.«

»Nein, ich habe nicht geschlafen«, sagte Däumling. Und erzählte dem Storch alles, was er erlebt hatte.

Da sagte Herr Ermenrich: »Was mich selbst anbetrifft, so glaube ich doch, daß du hier am Strande geschlafen und alles dies geträumt hast. Aber ich will dir nicht verschweigen, daß Bataki, der Rabe, der der gelehrteste von allen Vögeln ist, mir einmal erzählt hat, hier habe einst eine Stadt gestanden namens Vineta. Diese Stadt sei über die Maßen reich und schön gewesen, und keine einzige Stadt auf der Welt habe sich mit ihr vergleichen können. Aber unglückseligerweise seien ihre Einwohner hochmütig und prunksüchtig geworden. Und«, fuhr der Storch fort, »Bataki sagt, zur Strafe dafür sei Vineta von einer Sturmflut überschwemmt und ins Meer hinab versenkt worden. Ihre Einwohner aber dürften nicht sterben und auch ihre Stadt nicht zerstören. Nur alle hundert Jahre einmal dürfe diese in all ihrer Pracht aus dem Meere aufsteigen und liege dann genau eine Stunde auf dem Festlande.« – »Ja, das muß wahr sein«, sagte Däumling, »denn ich habe sie gesehen.«

»Aber wenn die Stunde vorübergegangen und es während dieser Zeit niemand in Vineta gelungen ist, irgend etwas an ein lebendiges Wesen zu verkaufen, dann versinke die Stadt wieder ins Meer. Wenn du, Däumling, auch nur ein einziges, noch so ärmliches Geldstück gehabt hättest, um den Kaufmann zu bezahlen, dann hätte Vineta

am Strande liegenbleiben dürfen, und deren Menschen hätten wie andre Menschen
leben und sterben dürfen.«

»Ach, Herr Ermenrich«, sagte der Junge,
»jetzt weiß ich, warum Sie mitten in der
Nacht gekommen sind und mich geholt
haben. Sie glaubten, ich könne die alte Stadt
retten. Ach, Herr Ermenrich, ich bin tief
betrübt, daß es mir nicht gelungen ist!«

Er verbarg sein Gesicht in den Händen
und weinte; und man hätte kaum sagen
können, welcher von den beiden betrübter
aussah, der Junge oder Herr Ermenrich.

Gerhart Hauptmann

Hiddensee

Hier, wo mein Haus steht,
wehte einst niedriges Gras:
ums Herz Erinnerung weht,
wie ich dereinst
mit Freunden hier saß.
Wir waren zu drei'n,
vor Jahrtausenden mag es gewesen sein.
Es war einsam hier,
tief, tief!
Verlassenheit über der Insel schlief.
Dann kam der Lärm,
ein buntes Geschwärm:
entbundener Geist,
verdorben, gestorben zu allermeist.
Und nun leben wir in fremdmächtiger Zeit,
verschlagen wiederum in Verlassenheit.
In meines Hauses stillem Raum
herrscht der Traum.

Wilhelm Krauel

Der Vossenstein bei Klempenow

Vor mehreren hundert Jahren saß auf der herzoglichen Burg Klempenow, die den Übergang über die Tollense sperrte, der Ritter Kunibert Molzahn als herzoglicher Vogt. Der Ritter hatte einen Schäfer, der hieß Voß. Er stammte von den Wenden ab, hatte schwarze Haare, schwarze Augen und einen schwarzen Bart, er hieß deshalb der schwarze Voß.

Eines Tages sah der Ritter vom Turm der Burg, daß die Schafe in dem Weizenfeld gingen, der Schäfer aber lag und schlief. Da wurde der Ritter zornig, nahm eine Peitsche und prügelte den Schäfer durch, was er auch verdient hatte. Der schwarze Voß aber sann auf Rache. Einige Zeit später hütete er die Schafe auf den Wiesen an der Tollense. Da kam der kleine Sohn des Ritters, der

Schmetterlinge fangen wollte, nahe an den Schäfer heran, der hinter einem Weidenbusch dicht am Ufer saß. Der Schäfer faßte den Jungen und stieß ihn in die Tollense. Der Kleine ertrank.

Da lachte der Schäfer laut, aber er sah sich erschrocken um, als er ein anderes Lachen hörte. Er forschte umher, konnte jedoch niemand entdecken. Das war der Teufel gewesen.

In der Burg war großes Wehklagen, als der Kleine in der Tollense treibend entdeckt wurde. Auf den Schäfer fiel kein Verdacht, und er freute sich, daß er seine Rache gekühlt hatte. Als aber das Kind begraben war, hörte der Schäfer in der Nacht das Teufelslachen wieder. Er fuhr erschrocken empor. Das ging so jede Nacht vier Wochen lang.

Die Frau des Schäfers hatte immer gemerkt, daß er wenig schlief und ihn auch nach der Ursache gefragt, er aber sagte ihr zunächst nichts. Erst eines Nachts, als die Angst groß war, vertraute er sich ihr an.

Die Frau war eine fromme Frau, sie wußtc, daß ihr Mann nun in die Hölle kommen würde. Und sie bat ihn, zu bekennen und seine Seele zu retten.

Das wollte der schwarze Voß nicht. Und als sie immer wieder in ihn drang, beschloß er, sie zu beseitigen. Eines Abends ganz spät, als schon alles schlief, mußte sie ihm frisches Wasser aus dem Ziehbrunnen holen. Er war hinter ihr hergeschlichen, und als sie sich über das Geländer beugte, um den Eimer herauszuziehen, da gab er ihr einen Stoß, und sie fiel in den Brunnen und ertrank. Jetzt wußte keiner mehr von seiner Untat.

Voß weckte nun alle Leute auf, daß sie ihm helfen sollten, seine Frau aus dem Brunnen zu ziehen; er wußte ja, daß sie

schon tot war. Die Leute klagten sehr um die
gute Frau, und Voß klagte am meisten.

Des Nachts aber erschien ihm seine Frau
im weißen Sterbegewand und sah ihn traurig an. Und wenn sie fort war, kam der
Teufel, lachte und würgte ihn, daß er zu
ersticken drohte. Dann stöhnte er so laut,
daß es alle Nachbarn hören konnten. Mit
der Zeit wurde ein Gemunkel im Dorf, daß
es mit dem Schäfer nicht richtig sei, und
auch der Ritter erfuhr davon. Dem mochte
ein ferner Verdacht aufsteigen, er ließ den
Schäfer verhaften und ihn peinlich befra-
gen, warum er so stöhne, daß niemand
schlafen könne. Da gestand er seine Untaten
ein. Er wurde verurteilt zur Folterung und
zum Tode auf dem Rad. –

Die Galgen standen früher auf Anhöhen,
damit sie für männiglich ein warnendes
Beispiel sein sollten. So war es auch bei Burg
Klempenow. Am Siebenschläfertag bewegte
sich ein Zug von der Burg nach dem Galgen-
berge. Der schwarze Voß wurde aufs Rad
geflochten. Drei Tage und drei Nächte
brauchte er zum Sterben. Er bereute seine
Sünden. Als ihm der Todesschweiß auf der

Stirn stand, sahen die Zuschauer, wie seine Frau bei ihm war und mit einem weißen Tuch ihm die schweren Tropfen abwischte. Man berichtete es dem Ritter, und er kam und sah es auch. – Als Voß gestorben war, ließ der Ritter ihn an dem Ort begraben und ihm allda ein steinernes Kreuz setzen, weil ein Engel in der letzten Stunde bei ihm gewesen war, und daneben wurde eine Eiche gepflanzt. Den Galgen aber ließ er abbrechen und baute ihn an anderer Stelle wieder auf. Steinkreuz und Eiche, Vossenstein genannt, kann man noch heutigen Tages dort finden.

Aber jedes Jahr um den Siebenschläfertag huscht der Teufel um das Steinkreuz herum und sucht die Seele des Mörders, die ein Engel ihm entführt hat. Viele haben ihn gesehen.

Hans Fallada

Gänseeier im Gehirn

Auf dem Lande hatte ich einmal einen Chef, dem saßen im Kopf mehr Grappen als einem durchschnittlichen Hofhund im Fell Flöhe. Zu diesen seinen Grappen gehörte es auch, daß er auf seinem Hof keine Polizei sehen konnte. Da fehlt aber mal ein Sack Hafer, oder das Schrot schmilzt dahin wie Schnee im April, aber Hannes Tiedemann sagte: »Das erledige ich schon selbst. Dazu braucht mir kein Grüner auf den Hof zu kommen.«

Und er erledigte es selbst, der wackere Tiedemann, und wie er seine kleinen Hof-, Feld-, Wald- und Wiesendiebe erledigte! Das beste dabei war, daß auch die Herren von der langen Hand nach dem anfänglichen Ärger grinsten. »Und sie gingen dahin und sündigten dergleichen nicht mehr.«

Da wuchs uns auf unserem Hof ein junger sächsischer Knabe heran, Albin Fleischer hieß er, in den Zwanzigern, und er melkte die Küh. Das heißt genau, er melkte sie nur, wenn ihm der Staat gerade Zeit dazu ließ, der schon früh durch eine ausgedehnte Fürsorgeerziehung in Albin Fleischer den Grund zu mancherlei Kenntnissen und Fertigkeiten gelegt hatte. Und als die Bestätigung dieser Fertigkeiten Albin wieder einmal eine längere staatliche Pension eingetragen hatte und als dann seine Zeit um war und er wieder hinausgelassen werden sollte, da sagten sie im Zentralgefängnis Altholm: »Ja, wohin mit ihm? Lassen wir ihn so laufen, dann klaut er doch gleich wieder.« Und da Hannes Tiedemann großen Ruf im Lande Pommern genoß, so schrieben sie einfach auf den Entlassungsschein: »Arbeit als Stallschweizer bei Herrn Gutsbesitzer Johannes Tiedemann in Fern-Varnkewitz.«

Da stand er nun an einem gänzlich verregneten Tag triefend naß bei uns im Büro und erklärte uns im schönsten Sächsisch: »Heern Se, ich soll hier de Giehe mälken.«

Tiedemann besah sich dieses Bündel

Menschenwerk und sprach: »Da stripp du man de Käuh!«

Und von Stund an war Albin Fleischer bei uns Stallschweizer. Eine Weile ging es mit ihm gut, aber dann trat die Liebe dazu, zu einer Kätnerstochter Mathilde im Dorf, und

nun wurde es schlimm. Da sagte Hannes Tiedemann... Aber ich merke leider, mit Albin Fleischer habe ich das falsche Ende meiner Geschichte zu fassen bekommen, und ich muß noch einmal von vorne anfangen.

Frau Tiedemann war eine kleine, fixe Frau. Sie flitzte in der Meierei und im Geflügelstall herum wie ein Wiesel, kannte jedes Huhn und wußte, wann es dran war mit

Eierlegen. Aber ihr Stolz waren ihre Gänse. Und über diese Gänse wurde sie eines Tages schwermütig, denn es war Frühjahr und sie mußten eigentlich Eier legen. Und sie taten es nicht. Frau Tiedemann grübelte sich in einen tiefen Kummer hinein: Was war los mit ihren Gänsen? Sie legten und sie legten nicht. Wieso kamen keine Eier? Lag es am Futter? Hatten sie zu wenig Kalk? Frau Tiedemann blieb in einem Grübeln.

Und eines Tages sagte sie aufgeregt zu ihrem Hannes: »Du, Hannes, die Weiße mit dem grauen Stutz hat heute bestimmt gelegt. Und wie ich in den Stall komme, ist kein Ei da.« Sie schimpft, einer hat es ihr geklaut. »Daß so ein armes Biest keine Sprache hat! Diese Räuber . . .« Und sie sah drohend über den Hof.

Tiedemann bemerkte: »Da bist du selbst dran schuld, mein Mäten. Hundertmal habe ich dir gesagt, mach deinen Hühnerstall dicht. Aber da steht ja alles offen.«

»Alles ist dicht«, protestierte sie.

»Alles ist offen«, sagte Hannes Tiedemann. »Vergangenen Donnerstag, als die Klütensuppe angebrannt war, bin ich selber drin gewesen und hab' vier Hühnereier ausgetrunken.«

»Du bist das gewesen!« schreit sie. Aber er ist schon weg.

Nun bekommt der Stellmacher zu tun. Drahtgeflecht wird gekauft, enges, engeres, ganz enges. »Die Hühner gehen in den Safe«, sagte Tiedemann.

Aber es hilft alles nichts, es bleibt Baisse in Gänseeiern. Frau Tiedemann lebt unter immer stärkerem Druck. Sie schläft nicht mehr, sie fängt an, vom Fleisch zu fallen. Eines Tages explodiert sie, sie bestellt den Landjäger. Sie bestellt ganz einfach den Landjäger, und sie sagt es Tiedemann.

Tiedemann ist baff. Aber er sammelt sich: »So ein Grüner kommt mir nicht auf meinen Hof. Den bestell man wieder ab.«

Sie protestiert: »Was nimmst du ewig solch Gesindel auf den Hof.«

»Aber . . .«

Tiedemann zieht es in den Kuhstall, Tiedemann geht in den Kuhstall. Dort ist es vormittäglich still und friedlich. Die Schweizer sind nicht da, sind beim Futterholen, die Kühe stehen und liegen, wie es ihnen Spaß

macht. Sie sehen dabei einander an, immer
zehn Stück reihauf, reihab, schauen einander an, zwischen ihnen läuft der Futtergang.
Der hinterste Futtergang an der Mauer ist
nicht benutzt. Dort haben die Schweizer ein
paar Ballen Streustroh liegen, alte Futter-
kiepen, der Rübenschneider steht dort, lauter Schurr-Murr.

Tiedemann ist tiefsinnig. Er geht gang-
auf, gangab, manche Kühe sagen Muh,
manche kauen nur. Tiedemann kommt auf
den leeren Futtergang. Er raschelt durch
das Stroh, nun ist der Futtergang beinahe zu
Ende. Tiedemanns Fuß stößt im Stroh an

was. Er bückt sich, er wühlt das Stroh ein
bißchen auseinander: ein etwas starker
Osterhase, was? Elf Gänseeier.

Da soll der Donner...! Tiedemann steht
und denkt. Das Garn ist leicht abzuheddern:
da ist einerseits Albin mit Vorkenntnissen,
andererseits Mathilde, die Kätnerstochter
aus dem Dorf. Einfache Vorgeschichte, man
könnte die Eier nehmen und zur Frau bringen. Aber wie Tiedemann so dasteht und
auf die Eier glotzt, da ist es, daß sich die
Grappen in seinem Kopf rühren, die dicken
Brummer brummen durch sein Gehirn.
Sachte wühlt er das Stroh wieder zu. Alles
hat seine Zeit, auch Gänseeier. Tiedemann
geht über den Hof zurück zum Gutshaus.
Auf dem Hof trifft er mich an. Ich so eine
Art Mädchen für alles auf diesem Hof. Ich
führe die Bücher und schreibe die Briefe,
ich löhne die Leute und gebe das Futter aus.
Tiedemann bleibt vor mir stehen und sieht
mich glupsch an. »Sie können ja wohl englisch lesen?« fragt er mich. »So getragen und
weihevoll wie ein Pastor?«

»Das kann angehen, Herr Tiedemann«,
sage ich.

»Und Sie haben was Englisches zum Vor-
lesen?« fragte er mich.

»Ja«, meine ich zögernd. »Eigentlich
nicht. Nur so englische Verse von einem
Omar Khayyam.«

»Omar? Ist das Englisch?«

»Das ist ein Perser«, sage ich. »Aber ein
Engländer Fitzgerald...«

»Hören Sie lieber auf«, winkt er ab. »Ich
habe heute morgen noch keinen Cognac
getrunken. Das Leben ist schon kompliziert
genug. Fünf Minuten vor sechs gehen Sie
mit Ihrem englischen Perser in den Kuhstall
und langen sich den Albin. Mit dem kommen Sie dann zu mir auf meine Stube.«

»Wird gemacht, Herr Tiedemann«, sage
ich, und er geht weiter, ins Gutshaus, zu
seinem vormittäglichen Rührei mit Speck
und einem Cognac.

Fünf Minuten vor sechs bin ich im Kuhstall. »Albin, sollst zu Herrn Tiedemann
kommen.«

Um sechs Uhr abends im zeitigen Frühjahr muß man schon Licht brennen, auch
Hannes Tiedemann brannte in seinem Zimmer Licht, aber wie sah es aus! Rot sah es

107

aus, geheimnisvoll sah es aus, mystisch war das. Über alle Glühbirnen hatte Tiedemann rotes Papier gemacht, das Licht war trübe und schwer, es wehte einen an: Sprich leise hier. Auf dem runden Eichentisch stand eine Extralampe mit roter Glühbirne aus der Dunkelkammer, daneben stand der große Lehnstuhl. »Setz dich hierhin, Albin«, sagte Tiedemann sachte und betrübt. »Setz dich hierhin, mein Jung.«

»Herr Tiedemann«, fängt Albin an.

Aber Tiedemann drückt ihn auf seinen Platz. »Nicht ganz hoch genug. Dein Kopf muß gerade in der Höhe der roten Birne sein. Warte mal...« Und er schleppt ein dickes Buch an. »So, jetzt langt es.«

»Herr Tiedemann«, fängt der Junge wieder an.

»Psst«, macht Tiedemann. »Kein Wort. Sonst geht es nicht.«

Der Junge ist still. Ich bekomme einen Platz ihm gerade gegenüber am Tisch, und Tiedemann stellt sich neben ihn, so daß der Kopf von Albin zwischen Lampe und Tiedemann ist. Stille. Tiefe Stille. Die große Uhr macht unendlich langsam Ticke-Tacke. Das

Licht ist geheimnisvoll rot. Tiedemann räuspert sich: »Fangen Sie an, Fallada.«

Ich fange an. Meine Aussprache des Englischen ist nicht schön, ich habe Englisch in Leipzig von einem sächsischen Lehrer gelernt, so was verwächst sich nie. Aber an diesem Abend war ich weit über meinen sonstigen Standard. Es war vielleicht kein korrektes Englisch, es war eine mystische Sprache, aus Urmenschentagen. Ich fing an mit dem Vierzeiler: »Oh, Thou who Man of baser Earth didst make...«

Tiedemann schüttelte ernst den Kopf: »Noch nicht ganz das Richtige. Bitte weiter. Etwas Stärkeres.« Ich fuhr fort: »There was a Door to which I found no Key...«

»Gut. Das ist das«, sagte Tiedemann und bauz, nahm er von seinem Schreibtisch ein Riesenteleskop, so einen Fernkieker, ganz aus Messing, wie ihn die Seeleute früher hatten. Setzte das Ding dem Jungen an die Schläfe, der zuckt. Sitzt totenstill. Hannes Tiedemann kiekt durch.

Ich lese: »Ah, my beloved, fill the cup that clears today of past Regrets and future Fears...«

»Albin«, fragt Tiedemann mit Grabesstimme. »Albin, an was denkst du?«

Albin ist blaß und still.

»Du denkst an den Kuhstall, Albin, du denkst an den Futtergang. Du denkst an den letzten Futtergang an der Wand...«

Indeed, indeed, Repentance of before I swore...«

»An das Stroh denkst du, Albin, was dort liegt. Du denkst... warte, warte... Herr Fallada, fest! Lauter, Herr Fallada! Du denkst...« Ganz schrill: »Albin, Albin, wie kommen die Gänseeier in dein Gehirn...?« Totenstille. »Albin!!!!«

Und da kommt es leise und zermalmt: »Herr Tiedemann, Herr Tiedemann, ich will's Sie sagen: Ich hab sie gestohlen. Herr Tiedemann, ich hab sie gestohlen.«

»Fallada! Laufen Sie. Du lügst ja, Junge. Sehen Sie im Kuhstall nach. Im letzten Futtergang. Im Stroh.« Ich laufe schon. Da sind sie. Die Jacke aus. Die Jacke voll Gänseeier. Zurück.

Albin starrt blöde auf die Eier. »Ich hab' sie gestohlen... ich stehl hier nie wieder...«

»Geh, mein Sohn Albin«, sagt Tiedemann. »Es ist in Ordnung. Es ist alles glatt.«

An der Tür macht Albin halt, er steckt den Kopf von außen wieder herein: »Ich zeig Sie an, Herr Tiedemann, bei der Polizei. So was ist Vergewaltigung, von so was kann man verrückt werden.«

»Raus!« sagte Tiedemann nur.

Albin ist nicht zur Polizei gegangen. Albin ist nicht einmal vom Hof gegangen. Albin melkt weiter die Küh. Ich glaube, Albin hat nie wieder bei uns geklaut. Im Dorf so ein bißchen, dafür will ich keine Hand ins Feuer legen, aber die konnten ihn ja auch nicht durchleuchten. Das konnte nur Tiede-mann.

Alfred Döblin

Wenn man in Stettin aus dem
Gleichgewicht gerät...

In Stettin an der Oder lebte einmal mein
Vater. Der hieß Max Döblin und war seines
Zeichens ein Kaufmann. Da das aber eigentlich kein Zeichen ist, so war er Inhaber eines
Konfektionsgeschäftes, welches nicht ging.
Worauf er eine Zuschneidestube eröffnete,
die einen guten Verlauf nahm. Dieser Mann
war verheiratet und hatte es im Laufe der
Jahre, wenn auch nicht zu Geld, so doch zu
fünf Kindern gebracht. Auch ich war darunter. Er war mit vielen Neigungen und
Begabungen gesegnet, und man kann wohl
sagen: Was ihm seine Begabungen einbrach-
ten, nahmen ihm seine Neigungen wieder
weg. So daß also die Natur in diesem Mann
ein merkwürdiges Gleichgewicht hergestellt
hat. Eines Tages nun wurde dieses Gleichgewicht auf eine besonders heftige Weise

gestört; wie und wodurch, das werde ich gleich erzählen. Jedenfalls beschloß der Mann in seiner Unruhe, nach Mainz zu fahren. Dies wird alle Kenner Stettins in Erstaunen versetzen. Denn wenn man in Stettin aus dem Gleichgewicht gerät, fährt man nicht nach Mainz. Bisweilen nach Gotzlow oder Podejuch oder, wenn es schlimm wird, in die nahe gelegene Klapsmühle. Aber Mainz ist ungewöhnlich. Und es war in der Tat ein Haken dabei, den niemand merkte, nicht einmal ich, obwohl ich schon über neun Jahre war. Der Haken war: Wie mein Vater nach Mainz fuhr, kam er da nicht an. Das lag an der Richtung seines Zuges. Der nämlich nach Hamburg fuhr.

Und als der Zug in Hamburg hielt, ging die Bewegung in meinem Vater noch weiter. Auch Hamburg war nicht das Richtige. Nicht Mainz, nicht Hamburg, es sollte und mußte noch weiter sein. Es war Amerika. Das Wasser liegt zwischen Hamburg und Amerika. Neunundzwanzig Ozeanflieger sind schon in dem Wasser ertrunken. Mein Vater wollte und mußte herüber, der Drang in ihm war so groß. Er nahm sich ein Schiff.

Obwohl das Gleichgewicht in meinem Vater gestört war, war er doch so besonnen, kein Flugzeug zu nehmen – vielleicht darum nicht, weil es damals keine Flugzeuge gab. Jedenfalls: Er fuhr zu Schiff, wie schon Kolumbus, und darum kam er an. Ob die Freiheitsstatue schon 1888 im Hafen von New York stand, weiß ich nicht. Bestimmt richtete sie mein Vater damals in Gedanken auf. So weit also hatte der Stettiner fahren müssen, um sein Gleichgewicht wiederherzustellen. So sonderbar war das Schicksal. Er hatte gesagt, er wolle nach Mainz fahren, aber schon das Billett stimmte nicht, der Zug fuhr anders, das Wasser kam, und nun saß er in Amerika.

Und er war auch nicht allein gefahren. Er hatte sich einen Mechaniker, einen Doktor, zur Herstellung seines Balancements mitgenommen, einen Leibdoktor, Leibmechaniker. Es tut nichts zur Sache, daß es ein junges Mädchen war. Frauen eignen sich ja für viele Berufe, sie werden Juristen, Abgeordnete, Minister, warum auch nicht Mechaniker. Ja, man erkennt die Besonnenheit unseres Amerikareisenden auch daran, daß er sich ein Mädchen und keinen Mann mitnahm. Denn wer versteht sich besser auf Herstellung des Gleichgewichts, auf alle Schwankungen der horizontalen und vertikalen Lage, als junge, unschuldige Mädchen. Das Mädchen, das mit ihm über den gewaltigen Ozean fuhr und von ihm erkoren war, hieß Henriette, und mit Nachnamen – sagen wir – Hecht. Es war merkwürdigerweise ein Fischname, wie das die Wasserkante mit sich bringt. Aber sie war – ein rätselhaftes Spiel der Natur, eine Paradoxie – vollkommen Fleisch. Offenbar hatten die Hechte im Laufe der Generationen ihre Natur verändert, und so stand sie lieblich vor dem Mann, der mein Vater war, und er fand Wohlgefallen an ihr.

Stettin

Mein Vater hatte zwei Augen, ein linkes und ein rechtes. Mit dem rechten Auge blickte er immer auf seine Familie. Das linke aber war bei ihm weitgehend selbständig. Während das rechte Auge stets von Sorgen getrübt war, schwer bewölkt und zu Regengüssen geneigt, freute sich und lachte das linke, und das Hochdrucksgebiet war weit entfernt. Damit man nicht die sonderbare Verschiedenheit seiner beiden Augen erkannte, trug er eine goldene Brille. Die deckte alles, und dadurch wurde er ein ernster Mann, der er ja auch war, ein vielseitiger Mann.

Meine Mutter war eine einfache Frau. Und da sich ihr Mann zu Hause öfters die Brille abnahm, so wußte sie, daß er schielte. Und sie war, wie das nun einmal Frauen sind, neugierig, wohin er schielte. Für das rätselhafte Naturspiel an sich hatte sie gar kein Interesse. Die reine Wissenschaft war ihr egal. Wie sie auch später gar kein Organ dafür hatte, den wunderbaren, schon erzählten Vorgang zu ergründen, der darin bestand, daß ihr Mann nach Mainz fuhr, aber es kam ein Zug auf dem Bahnhof an, der fuhr nach Hamburg an der Elbe – blinde Gewalt der technischen Kraft –, und kaum war der Zug dort angelangt, wird der Mann von einem Ungestüm erfaßt, muß nach St. Pauli an den Hafen, wird in ein

Ältestes Siegel der Stadt Stettin aus dem 13. Jahrhundert

Schiff verstaut und soll und muß über den Ozean, obwohl dieser so tief ist und später viele darin ertranken. Nichts davon interessierte meine Mutter. Sie blieb bis an ihr Ende dabei: Der Mann ist mit einem Weib aus-gerückt. Eine schrecklich einfache Formulierung. Mein Vater hat später sehr darunter gelitten. Sagen wir: etwas gelitten. Sagen wir: gar nicht. Er ist vorsichtigerweise nämlich nicht wiedergekommen.

Meine Mutter also interessierte sich heftig in Stettin, wohin mein Vater schielte. Und je mehr sie die Geheimnisse seines linken Auges zu ergründen suchte, um so dunkler wurden die Schatten über seinem rechten.

Aber das schreckte sie nicht. Es war nicht Heroismus, es war Temperament und Unbesonnenheit, die leicht in Heroismus ausarten, wobei ihnen gar nicht wohl ist.

Mein Vater bemerkte mit dem linken beweglichen Auge in Stettin viele Menschen, Einwohner und Einwohnerinnen, Steuerzahler und Steuerzahlerinnen. Aber nicht das interessierte ihn, ob und wieviel sie Steuer zahlten, sondern ob sie männlich oder weiblich waren. Er nahm eine simple naive Trennung vor. Er war eine Art Fleischbeschauer. Die männlichen fielen gleich ab. Blieben die weiblichen. Die waren in großer Zahl in Stettin vorhanden. Ich kann mich nicht genauer auf sie besinnen, denn ich war damals so klein. Aber ich erinnere mich, wie ich öfter als ganz kleiner Junge von einem Dienstmädchen an der Hand ins Freie geführt wurde, Kinderwagen fuhren mit, es ging in ein Tanzlokal draußen. Da saß ich dann auf der Bank, und im Saal tanzten viele erwachsene Menschen, große Männer und große Frauen, die Frauen kenntlich an den Röcken, die Männer meist in Uniform, mit Schnurrbärten, Soldaten, gewaltige Männer, die stark schwitzten. Solche Mädchen muß auch mein Vater in Stettin entdeckt haben, und die Entdeckerfreude ließ ihm keine Ruhe. So gehen berühmte Gelehrte noch nachts in ihre Laboratorien, blicken in ihre Mikroskope oder rechnen oder stellen noch einmal ihre Apparate zusammen, fangen mitten in der Nacht an zu destillieren, den Schmelzpunkt zu bestimmen. Schließlich: Ist die Entdeckung eines Menschen, einer Menschensorte nicht ebenso merkwürdig und beunruhigend und aufregend, wenigstens für den, der sie macht? Und andererseits: Ist die Entdeckung eines neuen Elements oder einer chemischen Verbindung seelisch anders, beglückt sie anders, erregt, entflammt sie anders als die eines neuen Menschen? So hängt die Liebe mit der Entdeckerfreude zusammen. Mein Vater muß viel gesucht und entdeckt haben. Er betrieb die Wissenschaft gründlich und mit Ausdauer, und es hätten sich ihm da große Perspektiven eröffnet, wenn diese Wissenschaft staatlich anerkannt gewesen wäre. Es war offenbar die Disziplin, für die er am begabtesten war.

Hof des Stettiner Schlosses

Aber während meine Mutter sonst keinen
Anteil nahm an seinen vielen anderen Neigungen – er komponierte ja, dichtete, zeich-
nete –, von dieser einen Passion wurde sie
mitgerissen. Wenigstens hier knüpfte sich
zwischen ihr und dem Mann ein gewisses
eheliches Band. Wenn der Mann auf seinen
Kriegspfad ging und sein linkes Auge in
Aktion trat, dann geriet auch sie in Erre-
gung. Der Geschichtsschreiber muß leider
feststellen, daß sie sich auf dem Pfad nicht
ebenso bewaffnete wie der Mann. Er trug
Rosen, sie aber schwang einen Regenschirm. Er war geladen mit Zärtlichkeit und

hohen männlichen Gaben, sie aber mit Zorn. Er ging einsam wie ein Hirsch Wasser suchen, sie aber trug Geschosse, ihn beim Trunk zu stören. Das waren die Unterschiede zwischen den Ehegatten. Sie dachte an ihre Kinder, die Familie und daß dies ihr angetrauter Mann war; er aber: wie schön es sich in der Sonne spazierenging Arm in Arm – ach, es war nicht der Arm seiner Frau. Es war überhaupt nicht immer derselbe Arm. Der Mann lebte in starker Unruhe. Er hatte die Weite der Natur entdeckt und die Mannigfaltigkeit der Stettinerinnen. Er wechselte die Quellen seiner Erquickung. Erst spät gewöhnte er sich an eine, und das war das Allerschlimmste, denn diese Quelle war nun zufälligerweise nicht seine Frau. Eigentlich muß man sagen, das Gegenteil wäre ein Zufall gewesen. Denn es gibt notorisch Millionen Frauen auf der Welt; warum soll ein Mann grade seine eigene Frau lieben? Das wäre doch ein höchst merkwürdiges Zusammentreffen! So war es bei meinem Vater. Die Frau, die starke Frau mit dem Regenschirm, nahte. Gerüstet mit Zorn und mit der entschiedenen Abneigung, hier irgendwie etwas zu »verstehen«. Sie trug mit sich Legitimität, Pathos, Ansprüche. Die Tragödie war eingeleitet. Der donnernde Jupiter zeigte sein Dasein. So wandeln Menschen im Grünen, und eine Wolke zieht sich zusammen, und sie regnen ein. Man glaubt im Grünen zu wandeln, und schon hat man den Regenschirm vergessen.

Als damals in Stettin in unserem Hause das Gewitter in Aktion getreten war und nicht aufhören wollte, dachte der Mann, so scheint es, an die Wilden in Afrika. Sie haben nichts an, aber sie haben ein Strohdach über sich. Wenn ein Mann an einen andern Arm denkt, so ist es schlimm; wenn er aber an ein anderes Dach denkt, dann ist es gefährlich, und das Verhängnis ist kaum aufzuhalten. Mein Vater fing unter den ständigen Gewittern an zu träumen, vorwiegend von Mainz, der Zug fuhr aber nach Hamburg, dann kam das Meer und Amerika. Was weiter kam, träumte er nicht. Es ist das Schlimme an den Träumen, daß sie zu früh aufhören. Er hätte auch träumen sollen, was nach Amerika kam.

Hans Werner Richter

*Und kein Heringsschwanz hat je
wieder nach ihm gekräht*

Auch in Pommern gibt es das, was man
heute Sex nennt. Sonst gäbe es wohl die
Pommern nicht mehr oder schon lange
nicht mehr. Amor heißt hier »Amur«, und
von jemandem, der dem Sex verfallen ist,
sagt man: »Hei hätt so sine Amuren.« Im
übrigen ist die Liebe natürlich eine Him-
melsmacht, dies aber nur in besseren Krei-
sen und in der Kirche. Im allgemeinen hat
man drastischere Ausdrücke dafür.

Sexuelle Frustrationen gab es in Pommern kaum. Vielleicht, weil es zuviel Äcker,
zuviel Wiesen, zuviel Wälder, zuviel Strand,
kurz zuviel Freiheit unter einem weiten
Himmel gab, in der bekanntlich solche Frustrationen schlecht gedeihen können. Alles
war selbstverständlich, begann frühzeitig
und endete meistens mit einem Haufen

Kinder, die ihrerseits dasselbe Spiel wieder frühzeitig begannen.

Natürlich waren die Männer ihren Frauen treu und die Frauen ihrerseits ihren Männern, aber kein Pommer wird bereit sein, für diese allgemeine Treue seine Hand ins Feuer zu legen. Ich jedenfalls bin es nicht.

Eine besondere Art pommerscher Liebe mag ihre Sprödigkeit sein. Der Satz »Ich liebe dich« geht einem Pommern nur schwer über die Lippen. Es klingt ihm zu sentimental, verspricht zuviel und legt ihn gleich für alle Ewigkeit fest. Handeln ist ihm auch in diesem Fall lieber als reden.

Ein pommerscher Liebesdialog kann sich etwa folgendermaßen anhören. Beide sitzen auf einer Bank im Wald, am Meer oder sonstwo. Nehmen wir an, es ist Frühling, ein schöner Abend mit pommerschen Maikäfern, pommerschen quakenden Fröschen, mit ein paar duftenden Kastanienbäumen im Hintergrund und einem sanften Meeresrauschen im Vordergrund. Er wagt eine körperliche Berührung, die sie sich eine Weile gefallen läßt, bis sie den Liebesdialog eröffnet.

»Du, laß das sein.«

»Warum soll ich es denn sein lassen?«

»Weil du es sein lassen sollst.«

»Wenn ich es aber nicht sein lasse?«

»Dann knall ich dir eine.«

»Na, dann knall mir doch eine.«

»Nein, lieber nicht.«

Dann sitzen sie wieder eine Weile, hören den Maikäfern, den Fröschen und anderen abendlichen Frühlingsgeräuschen zu, und nach einer halben Stunde beginnt wieder dasselbe Spiel von vorn. Wieder läßt sie es sich eine Weile gefallen. Dann eröffnet sie den zweiten Liebesdialog.

»Ich habe dir doch gesagt, du sollst das sein lassen.«

»Ja, das hast du gesagt.«

»Warum läßt du es dann nicht sein?«

»Weil ich es nicht sein lassen will.«

»Wenn du es jetzt nicht sein läßt, dann knall ich dir aber doch eine.«

»Ja, dann knall mir doch eine.«

»Nein, lieber nicht.«

Nach diesem zweiten Liebesdialog vergeht vielleicht wieder eine halbe Stunde. Die Frösche quaken schon nicht mehr, und die Maikäfer haben sich zurückgezogen. Er beginnt wieder mit der körperlichen Berührung, und erst nach einer diesmal längeren Zeit des Gewährenlassens eröffnet sie den dritten Liebesdialog.

»Jetzt knall ich dir bestimmt eine.«

»Ja, warum tust du es denn nicht?«

»Ich weiß nicht.«

»Ja, wenn du es nicht weißt?«

»Vielleicht lieber nicht.«

So geht es fort, bis die Nacht hell und der Himmel rot wird. Wieviel Sätze von einem solchen Liebesdialog zum Schluß übrigbleiben, ist schwer zu sagen. Vielleicht nur der Satz »knall ich dir eine« und der andere »tu es doch«, vielleicht aber auch nur ein Salat von Worten wie: »knall, tu, vielleicht, lieber, weiß, nicht.« Es ist aber auch durchaus möglich, daß er die Ohrfeige bekommt und sie dann sagt: »Ach, du lieber Gott«, und er darauf antwortet: »Wenn du das noch einmal tust, dann kleb ich dir eine, daß dir Hören und Sehen vergeht.« Worauf sie wieder eine Weile schweigend nebeneinandersitzen, bis alles wieder von vorn beginnt.

Aus solchen oder ähnlichen Dialogen könnte man den Schluß ziehen, ein Pommer kommt nie zum Ziel. Vor den Toren der Verheißung bleibt er stehen oder ist gezwungen stehenzubleiben. Das ist falsch. Ein Pommer kommt immer zum Ziel. Er verläßt sich auf seine Zähigkeit, seine Geduld und auf seine Vitalität, und sie verläßt sich ebenfalls darauf. Kommst du heut nicht, kommst du morgen, denkt er, und sie denkt, er gibt es bestimmt nicht auf, laß ihn nur warten. Übermorgen aber oder überübermorgen sitzt er bereits etwas gelangweilt auf der Bank und läßt sich umwerben, sagt unter Umständen: »Ach, weißt du, heute habe ich gar keine Lust« und antwortet auf ihren Einwurf: »Das sieht dir ähnlich. Erst den Verrückten spielen und dann nicht mehr mit mir reden«, lakonisch: »Aber ich rede doch mit dir.«  Pommersche Liebe ist, wie gesagt, spröde. Sie bewegt sich im Schneckentempo auf ihr Ziel zu. Eifersucht gibt es wie überall. Aber selten schießt man seinen Nebenbuhler gleich über den Haufen. Eine Tracht Prügel ist schon drin. Aber früher, als es noch Prügel gab, bekam sie meistens das Mädchen und nicht der Nebenbuhler.

Was ist mit den pommerschen Mädchen? Sind sie tugendhaft, freigebig, schön? Lassen sie den lieben Gott einen guten Mann sein, wenn es um die Liebe geht? Sie sind, ich muß es hier sagen, nicht ganz so freigebig wie die Sächsinnen, aber auch nicht so zurückhaltend wie die Hamburgerinnen. Sie nehmen nicht unbedingt, was sich ihnen anbietet, aber sie lassen, wie es meine Mutter nannte, auch nichts anbrennen. Ihre Zurückhaltung, ihre Sprödigkeit scheint mir eine Berechnung ihrer Natur zu sein, ist sozusagen intuitiv gegeben und geht unbewußt von dem Satz aus:

»Je länger er wartet, je besser wird er.«

Schön sind viele von ihnen, eine Schönheit, die schwer zu beschreiben ist. Es ist nicht das »nordische Blond«, das sie auszeichnet. Es ist ein matteres Blond, ein zärtliches, schmeichelndes, anheimelndes Blond, und wenn es auch vermessen klingt, möchte ich doch sagen: es ist das pommersche Blond. Das gibt es in allen Schattierungen, von der Gold- bis zur Kupfertönung, auch mit Kastanienbraun durchsetzt.

Die pommerschen Mädchen sind nicht, wie man oft annimmt, langbeinig, schlank, hager, sondern mehr von mittlerem Wuchs, mit engen Taillen, gut geformten Becken, ausgeprägten Brüsten, und wenn sie gehen, wippt alles so betont unbetont, daß einem Betrachter das Wasser im Mund zusammenlaufen kann. Nichts ist aufgetragen und nichts bietet sich an, und doch ist alles ein nicht zu übersehendes Angebot. »Komm nur her«, sagt das Angebot, »aber laß dir nicht einfallen, frech zu werden.«

Das muß immer so gewesen sein. Schon Karl Friedrich Zelter berichtete dem Geheimrat Goethe am 22. August 1820 über dieses pommersche Angebot.

»Das Geschlecht ist kräftig, und wohl-, ja edelgebildete Frauengestalten aller Stände finden sich durch ganz Pommern. Auf dem Wege hierher kehrte ich in einem Haus ein,

129

wo eine vierzigjährige Matrone mit zwölf Kindern zu Tische saß. Der Hausvater war eben aufgestanden, seine Pfeife zu stopfen; nie habe ich schönere Arme, Schenkel und Schultern gesehen als an diesem Weibe, die dabei ein so redliches Pommerisch sprach, daß mir die Ohren noch klingen. Das Land ist fruchtreich, und ich vergesse einmal wieder, daß ich, ein Berliner, andere loben muß.«

Ja, Zelter hat recht, und was die Berliner betrifft, so waren sie in dieser Hinsicht immer des Lobes voll. Kaum ließ sich der Sommer sehen, eilten sie an die pommersche Ostseeküste, nicht ohne Seitenblick auf die pommerschen Mädchen. Sie waren mehr als anfällig für dieses pommersche Angebot. Kniffen sie einem pommerschen Mädchen in den Hintern, so hatten sie das Gefühl, ganz Pommern liege zu ihren Füßen. Nun gibt es aber viele Berlinerinnen, die pommerschen Ursprungs sind, und insofern ist dieses Lob mit Zurückhaltung aufzunehmen.

Meine Großtante Drasdo war eine Berlinerin, die aus Pommern kam, und wenn ich

an sie denke, muß ich dieses Lob der Schönheit sofort zurücknehmen. Aber auch meine
Tante Lina war eine Berlinerin aus Pommern, und sie bot, was pommersche Frauen
zu bieten haben. Sie ging so drastisch mit
ihren Liebhabern um, daß »fast nichts davon übrigblieb«.

Auch dies ist eine Eigenart pommerscher
Frauen: Sie können sehr drastisch sein. Haben Sie den Berg der Zurückhaltung erst
einmal übersprungen, dann haben wohl ihre Partner nicht mehr viel zu lachen. Davon
können natürlich Männer anderer deut-
scher Stämme mehr berichten, Sachsen,
Rheinländer oder Schwaben. Ihnen, so hat
man mir gesagt, wurden oft die Knie weich,
bevor sie sich wieder in ihre Gebiete ab-
setzten.

»Nu kumm her, Mann.«

»Wat wist du schon werra von mi?«

»Wat süll ick schon von di wull'n. Dat will
ick von di. Und nu kumm her und hev di
nich so.«

Auch ein solcher Liebesdialog ist denk-
bar, später natürlich, lange nach jener streit-
baren Mainacht. Auch dabei wird das redli-

che Pommerisch gesprochen, das Zelter erwähnte. Tatsächlich ist dieses pommersche Plattdeutsch so redlich, daß man nie umhin kommt, die Dinge genau zu bezeichnen. Das Wort »Ich liebe dich« gibt es in dieser Sprache höchst selten, oder es wird, jedenfalls in Vorpommern, kaum benutzt, dafür aber das Wort »nu lech di henn«.

Immer ist es notwendig zu sagen, was man will, wenn man sich dieser Sprache bedient.

Ein pommerscher Troubadour ist demnach kaum vorstellbar, und doch hat auch Pommern seinen Minnesänger hervorgebracht. Er hieß Wizlaw III. von Rügen und soll zu seiner Zeit unter den nordischen Minnesängern als »einer der Erlesensten« gefeiert worden sein. – Das lyrische Lied »Kumm bi dei Nacht« ist wohl nicht in Pommern entstanden, aber es sagt, wie immer in der plattdeutschen Sprache genau, was das Mädchen von dem so Aufgeforderten will.

»Kumm du um Middernacht, kumm du Klock een,
Vadder und Mudder slöppt, ick slaap alleen.
Klopp an de Kammerdör, fat an de Klink,
Vadder meent, Mudder meent, dat deiht de
   Wind.«

Es gibt also kein großes Drumrumgerede, wohl aber oft ein langes und anhaltendes Drumrumschweigen. Aus der Kargheit und somit aus der Redlichkeit dieser Sprache ist vielleicht das Drastische und Resolute pommerscher Frauen zu verstehen.

Bei der Zeugung wie bei der Geburt scheint mir der Mann immer in der psychologisch schlechteren Situation zu sein. Geburten wurden früher ohne viel Federlesens erledigt. Noch eine meiner Großmütter gebar auf dem Acker beim Kartoffelhacken. Später gab es dann eine Hebamme, die auf einem alten Damenfahrrad, alt wie sie selbst, von Haus zu Haus fuhr. Schob sie ihr Damenrad irgendwo auf einen Hinterhof, so sagten wir, die Kinder: »Da kommt wieder einer.« Bei der Geburt selbst weinten meist die Männer, nicht die Frauen. Sie saßen dann im Vorzimmer vor der Tür einer Gebärenden und ließen ihren Tränen freien Lauf, bis die Gebärende ärgerlich wurde und rief:

»Wat roren dei schon werra. Dei söll'n uphüren tau roren. Ick will dat nich.«

Wie es den hinterpommerschen Gutsbesitzern ergangen ist, die jahrhundertelang das Recht der ersten Nacht für sich in Anspruch nehmen konnten, weiß ich nicht. Ich kann auch nicht bezeugen, ob sie das »jus primae noctis« wirklich ausgeübt haben. Aber man sagt es so. Auch dies ist vielleicht eine Legende. Die pommerschen Bauerntöchter, die in der Nacht vor der Brautnacht dem Gutsbesitzer übergeben werden mußten, sollen nie mehr so gewesen sein, wie es das Recht des Gutsbesitzers vorschrieb. Die Bauerntöchter vergaben vorher, was nur ihnen gehörte. Das soll im Laufe der Jahrhunderte zu immer größeren Verdrießlichkeiten bei den Gutsbesitzern geführt haben, bis sie es schließlich aus lauter Mißvergnügen aufgaben. Ob das wirklich so war?

Wie gesagt, ich weiß es nicht. Wenn es aber so war, dann scheint mir ein gewisses Mitleid mit den damals so strapazierten Gutsbesitzern angebracht. Eine erfahrene pommersche Braut im Bett eines nicht zuständigen Herrn, das kann kein reines Vergnügen gewesen sein. Es wird vielleicht nicht gerade Ohrfeigen gegeben haben, aber einiges hat es dabei bestimmt gesetzt.

Wie es aber auch immer war, pommersche Sexualfrustrationen hat es wohl nie gegeben. Doch trau, schau, wem. Ein Diplom-Sexualpsychologe unserer Tage hätte vielleicht doch einiges herausgefunden, hier ein paar Hemmungen und dort ein paar Verklemmungen. Wahrscheinlicher aber ist, daß er bei seinen Untersuchungen für immer in irgendeinem pommerschen Bett verschwunden wäre. »Und«, so hätten die Pommern gesagt, »kein Heringsschwanz hat je wieder nach ihm gekräht.« Warum gerade ein Heringsschwanz und kein Hahn? Nun, es ist ein pommersches Wort. Kein dritter Hahnenschrei hat jemals einen Pommern aus seinem Bett gerissen. Hätte aber ein Heringsschwanz zum viertenmal gekräht, so wäre ganz Pommern davon erwacht.

Wolfgang Koeppen

Melancholia

Im Frühling zog es das Fräulein in den
Elisenhain. Ich mochte den Wald nicht. Ich
liebte die Wohnung, die Spiele im dämmeri-
gen Flur, die Stadt, die Häuser, die belebten
Straßen und das verheißungsvolle Lächeln
der Puppen in den Schaufenstern. Ich wollte die alte Konditorei besuchen, das Völker-
schlachtdenkmal aus Sahne und Zucker sehen, den Mandeldunst des Marzipans einat-
men, die Tropen der glühenden Schokola-
de, vanilleschwangeren Dampf und Milch-
schaum auf braunem Meer, ich wollte die
Polster der fransenreichen Sitze fühlen, die
stolzen naschsüchtigen Damen bewundern,
ihre wippenden wohlfrisierten Köpfe unter
Hüten aus Reiherfedern, Früchten, Seide
und Stroh, und den Silberklang der kleinen
Löffel vernehmen, wenn sie sich durch

Rahm und Gelee gegraben und am Porzellan des Tellers kratzten. Ich wartete vergebens. Nie nahmen die Damen die Zungen, die Teller abzulecken. Aber das Fräulein sagte, hinaus ins Freie! Sie schwärmte für die Natur, die auf unser Entzücken verzichten konnte.

Das Fräulein hieß Maria oder Frieda, und einmal hieß es Liselotte. Im Elisenhain roch es nach Waldmeister. Liselotte duftete nach Wäldern von Waldmeisterseife. Bevor wir in den Hain gingen, hüllte sie sich in Schaum. Gezeichnet von Seifenblasen, glich ihr Bäuchlein dem Mond, wenn man den Mann im Mond erkennt, bis die schillernde Wolke platzte, und Liselotte der Venus gleich aus dem feuchten Gekrause stieg. Ihr Leib, ihr Leib ist eine Melodie, ein albernes Lied. Meine Schwester, meine Stiefschwester, Traumschwester, ach, ich hatte gar keine Schwester, summte es. Sie hatte es aufgeschnappt oder erfunden. Das Fräulein schlüpfte in Rüschen, knüpfte rosa Bändchen in die Spitzenhose, ins Hemd, ins Haar und legte einen gestärkten Matrosenkragen um den rotgeriebenen Hals. Ich liebte des

Fräuleins stechende Seife, deren scharfe Spritzer uns anflogen und in unseren Augen brannten. Wenn mir die Tränen flossen, spottete meine Schwester, du weinst aus unglücklicher Liebe zur schönen Liselotte. Nicht wahr! Nicht wahr! Ich weinte, weil mich die Lauge schmerzte und weil mit der großen Wäsche des Fräuleins die Freuden des Tages zu Ende waren und nur noch der Wald mit seiner Langeweile drohte.

Im Elisenhain trafen wir die Studenten. Sie saßen unter dem Maigrün der Birken auf rohgezimmerten Bänken an Tischen mit eingeschnitzten Herzen und verschlungenen Namen und sangen. Mit ihren bunten Mützen waren sie, nach Verbindungen gruppiert, wie Beete schnittreifer Blumen auf dem Feld des großen Gärtners.

Wir bekamen Limonade, die so grün wie das Laub war, und heimlich gossen wir sie in das graugrüne Moos. Der prickelnde Trank galt uns als Medizin, als böser Heilsaft einer Kur, von der Tante Gussy gesagt hatte: im Frühjahr trinke ich in Karlsbad meinen Brunnen. Wir hätten das Wegschütten der Limonade nicht zu verbergen brauchen.

Des Fräuleins Augen waren abgelenkt und blickten in eine aufgerichtete Riesenmuschel, in deren morgenroter Höhlung eine Militärkapelle versammelt war. Ach, er hat sie ja nur auf die Schulter geküßt – ein Student scharrte vor uns mit den Füßen, daß auf dem Platz seiner Bewegung der Waldboden verwundet blieb und Ameisen starben; er forderte Liselotte zum Tanz. Er sagte, gnädiges Fräulein, er adelte Liselotte, aber wir freuten uns nicht, wir waren eifersüchtig und haßten es, allein gelassen zu werden.

Um uns zu rächen, spielten wir Studenten ermorden. Wenn der Kavalier unser Fräulein walzerselig zurückbrachte, starrten wir ihn ernst mit erstaunten, befremdeten Gesichtern an, bis wir in ein verabredetes Lachen ausbrachen. Die Studenten rückten dann an ihren Mützen, schoben das Band zurecht, das sie über der Brust trugen, mißtrauten ihrer Kleidung und Haltung und traten schließlich beschämt in das Beet ihrer Verbindung zurück.

Gegen Petermann verloren wir die Schlacht. Er setzte sich mitten in unser Gelächter, streifte mit großartiger Gebärde die

Limonadengläser vom Tisch, versprach und forderte Waldmeisterbowle. Er bestach uns, indem er uns mit der Bowle zu den Erwachsenen lud. Wir stießen mit ihm an und fanden den Elisenhain schön.

Unmerklich wurde es Abend. Petermann schlug einen Waldspaziergang vor. Wir sollten Waldmeister suchen, sagte er, und wenn wir welchen gefunden hätten, mochten wir rufen. Petermann wandelte mit Liselotte vom Wege ab. Meine Schwester und ich fanden kein würziges Kraut. Nur eine kleine Schlange kam über den Pfad gekrochen. Meine Schwester nahm sie auf, und wir verabredeten, die Schlange Liselotte ins Bett zu legen. Liselotte schrie jetzt, als riefe sie Hilfe herbei. Wir eilten hin und meinten, sie und Petermann hätten den Waldmeister gefunden. Aber auch sie hatten kein Glück gehabt. Des Fräuleins Matrosenkragen war zerdrückt, des Studenten Gesicht rot, als ob er sich mit Liselottes Seife gewaschen hätte. Wir starrten uns eine Weile an, und die Schlange biß meine Schwester in den Zeigefinger. Liselotte schrie zum zweiten Mal. Meine Schwester ließ die Schlange fallen, und Petermann schlug die arme Schlange tot. Dann beugte er sich zu dem Finger meiner Schwester und saugte die Wunde aus. Sein angestrengtes Gesicht, sein saugender Mund erinnerte an ein rosiges Ferkel am Euter des Muttertiers. Wir fanden den Anblick so komisch, daß uns wieder Lust kam, Studenten ermorden zu spielen und schallend zu lachen. Es ist gut, daß sie was getrunken hat, sagte ungerührt der Student, sie muß gleich noch was bekommen und der Junge für alle Fälle auch. Petermann studierte wohl Medizin.

Wir gingen zu den Bänken und Tischen zurück, wo die Studenten jetzt einen Kommers bei schwelendem Fackellicht hielten. Sie sangen vom Tod für Kaiser und Vaterland und schworen Treue dem deutschen Rhein. Petermann gab uns etwas Scharfes zu schlürfen. Liselotte hustete sehr, auf einmal weinte sie, und es war wieder sehr komisch. Petermann tröstete Liselotte mit kleinen Küssen, bis sie still in seinen Armen ruhte, wir müde wurden und den Elisenhain doch recht langweilig fanden.

Nach Jahrzehnten bin ich noch einmal in

den Wald gegangen. Die Bänke und Tische waren morsch, die Herzen und Namen vermodert, die Muschel der Militärkapelle von Wind und Regen zerfressen. Kein Gast weit und breit. Nur eine Katze saß auf dem verrosteten Stuhl einer Brauerei. Guten Tag, nichts los hier, sagte ich. Feldmäuse, antwortete die Katze. Eine Greisin kam, der zwei Vorderzähne ausgeschlagen waren, und nuschelte mißmutig, Sprudel mit oder ohne? Ich fragte, kommen die Studenten nicht mehr? Die Studenten sind tot, antwortete die Frau. Mit oder ohne Geschmack, was ist, sagte sie ungeduldig. Ich bat, mit. Die Kellnerin brachte die grüne Limonade der Kindheit. Ich hatte sie verschmäht. Nun war es zu spät und zu traurig, und der Tod kommt zu bald für eine Limonade mit Geschmack.

Quellennachweis

Für die Veröffentlichung folgender Texte sind wir
den Rechteinhabern zu Dank verpflichtet:
Klaus Granzow, Osterwasser oder Schlatterwasser,
aus: Sie wußten die Feste zu feiern, Rautenberg
Verlag, Leer
Klaus Granzow, Pommersche Taufgebräuche, aus:
Typisch Pommern, Weidlich Verlag, Würzburg
Carl Ludwig Schleich, Die Leiche der Fleischermei-
stersgattin, aus: Besonnte Vergangenheit, Rowohlt
Verlag, Berlin 1920
Selma Lagerlöf, Die Stadt auf dem Meeresgrund,
aus: Die wunderbare Reise des Nils Holgersson mit
den Wildgänsen, Nymphenburger Verlag in der
F. A. Herbig Verlagsbuchhandlung, München
Gerhart Hauptmann, Hiddensee, aus: Werke, Ull-
stein Propyläen, Berlin
Hans Fallada, Gänseeier im Gehirn – Emma D. Hey,
Braunschweig
Alfred Döblin, Wenn man in Stettin aus dem Gleich-
gewicht gerät, aus: Erzählungen aus fünf Jahrzehn-
ten, Walter Verlag, Olten
Hans Werner Richter, Und kein Heringsschwanz hat
je nach ihm gekräht – Hans Werner Richter, Mün-
chen
Wolfgang Koeppen, Melancholia, aus: Gesammelte
Werke, Melancholia, Teil A, Suhrkamp Verlag,
Frankfurt

CIP-Titelaufnahme der Deutschen Bibliothek

Kleine Geschichten aus Pommern
Mit einer Einführung von
Christian Graf von Krockow.
Stuttgart: Engelhorn Verlag, 1991
(Engelhorn-Bücherei)
ISBN 3-87203-101-5
NE: Krockow, Christian Graf von [Hrsg.]

© 1991 Engelhorn Verlag, Stuttgart
Alle Rechte vorbehalten
Lektorat: Renate Jostmann
Typografische Gestaltung: Brigitte Müller
Satz: Uhl + Massopust GmbH, Aalen
Druck und Bindearbeiten: Clausen & Bosse, Leck
Printed in Germany